Misha Verollet erzählt mit großartigem Humor die kuriosen Geschichten hinter den wilden Schlagzeilen aus aller Welt: ein Mann, der von einer Kuh erschlagen wird, die durch sein Hausdach stürzt. Ein Junge, der in einem Überraschungsei Crystal Meth findet. Ein Hund als Bürgermeister. Eine Frau, die statt der TÜV-Plakette einfach eine Briefmarke auf ihr Kennzeichen klebt. Und ein Mann, der eine einstweilige Verfügung gegen Gott beantragt. Ein Best-of absonderlicher Schlagzeilen, komischer Nachrichten und faszinierender Geschichten. Unglaublich, aber wahr!

Misha Verollet, 1981 auf Gibraltar geboren, wuchs in Bielefeld auf. Er ist Autor mehrerer Bücher, unter anderem von «Goodbye, Jehova!», das er unter dem Pseudonym Misha Anouk veröffentlichte. Der Poetry-Slam-Veteran lebt in Wien und arbeitet in einer Werbeagentur als Berater für internationale Unternehmen. Bei Facebook und Twitter ist er als @misharrrgh unterwegs, wo ihm über zehntausend Menschen folgen.

MISHA VEROLLET

MANN SCHMEISST HUND AUF BÄR

UNGLAUBLICHE, ABER WAHRE GESCHICHTEN

Mit Illustrationen von Oliver Weiss

Rowohlt Taschenbuch Verlag

Originalausgabe
Veröffentlicht im Rowohlt Taschenbuch Verlag,
Reinbek bei Hamburg, Februar 2018

Umschlaggestaltung ZERO Media GmbH, München
Umschlagabbildung FinePic®, München
Satz aus der Arno, InDesign,
bei Pinkuin Satz und Datentechnik, Berlin
Druck und Bindung CPI books GmbH, Leck, Germany
ISBN 978 3 499 63302 7

EINLEITUNG

Ich habe ein Hobby – ich sammle interessante Geschichten: kuriose, lustige, traurige, spektakuläre, unfassbare, unglaubliche, absonderliche, außergewöhnliche, aber immer wahre Schlagzeilen und Ereignisse. Geschichten also, bei denen man denkt: «Kannste dir nicht ausdenken, so was.» Und das stimmt: Kannste nicht. Sie sind wahr.

Im 19. Jahrhundert definierte John B. Logart, Lokalredakteur der *New York Sun*, was eine Nachricht ausmacht: «Wenn ein Hund einen Mann beißt, ist das keine Nachricht, weil es so häufig geschieht. Aber wenn ein Mann einen Hund beißt, ist das eine Nachricht.» Darum geht es in diesem Buch. Ein Bär, der einen Mann angreift? Höchstens ein Achselzucken wert. Aber ein Mann, der mit einem Hund einen Bären angreift, ist definitiv eine Nachricht. Übrigens: Der Hund überlebt, so viel kann ich verraten, ich bin ja nicht blöd, ich möchte ja, dass Sie dieses Buch kaufen und lesen.

Dieses Buch ist eine Sammlung vieler solcher interessanten Geschichten. Egal, ob witzig oder tragisch (oder tragikomisch), beeindruckend oder berührend, brandaktuell oder historisches Ereignis, es eint alle Geschichten, dass sie uns in eine surreale Welt entführen, in der, nur so als Beispiel, Kühe durch Dächer fallen, Menschen einen Bombenfund nicht melden, um die Nachbarn nicht zu wecken, und Kinos, in denen der Film *Noah* laufen soll, einen Wasserschaden haben. Klassische Realsatire. Viele Storys sind das, was man *lynchesk* nennt. «Als lynchesk», erklärte der Autor David Foster Wallace den Begriff in einem Artikel über, richtig, den Regisseur David Lynch, «bezeichnet man eine bestimmte Art Ironie, bei der sich das Makabre und das Banale, also das Alltägliche so vereinen, dass offenbart wird, wie viel Anteil Ersteres an Letzterem hat.» Kurz: Dieses Buch ist eine (hoffentlich unterhaltsame) Chronik des Unvermögens des Menschen, einen Tag zu überleben, ohne etwas sehr, sehr Dummes zu tun. Oder wie es der französische Mathematiker, Physiker und Philosoph Blaise Pascal ausdrückte: «Das ganze Unglück der Menschen rührt allein daher, dass sie nicht ruhig in einem Zimmer zu bleiben vermögen.»

Davon konnte Lawrence von Arabien ein Lied singen. Er verlor die erste Fassung des Manuskripts seines Mammutwerkes *Die Sieben Säulen der Weisheit* im Zug. Und musste das komplette Buch noch einmal schreiben. Zum Glück gibt es heute das Internet, das die ganzen wunderbaren Fundstücke für uns speichert.

Ich wünsche Ihnen auf Ihrer Entdeckungsreise durch dieses Museum der kuriosen Nachrichten genauso viel Spaß, wie ich beim Sammeln hatte!

«Nichts ist komischer als
das Unglück, zugegeben.»

SAMUEL BECKETT

NEWSTICKER

Weltrekord-Wels! Italiener zieht Fluss-Monster aus dem Po (Focus Online) +++ **Jenaer Polizei ist zufrieden: Beim Pokalderby nur Pfefferspray, Flaschenwurf und Hitlergruß** (Thüringische Landeszeitung) +++ **Florida Man Who Had Sex with Dolphin Says It Seduced Him** (Deccan Chronicle) +++ **Man drowns at lifeguard tryouts in Orleans** (Cape Cod Times) +++ **Großbrand: Gaffer essen Brötchen der Feuerwehr** (NDR) +++ **Could dildo drones be the future of masturbation?** (Dazed Digital) +++ **Frau darf ihre Tochter nicht Cyanide nennen** (DRadio Wissen) +++ **Woman recently diagnosed as allergic to herself** (ABC) +++ **Wal-Erbrochenes macht Fischerpaar reich** (Spiegel Online) +++ **FedEx employee falls asleep loading plane in Memphis, wakes up in Texas** (News Channel 3 Memphis) +++ **Man spotted running nude with bells hanging from his genitals** (Fox 13 Salt Lake City) +++ **Hipsterbärte gefährden Brandeinsätze in Bad Hersfeld** (HR Online)

ELTERN HAFTEN FÜR IHRE KINDER

Bayern. Bundesland der unbegrenzten Unmöglichkeiten. Die deutschen Südstaaten. Nur in Bayern konnte man es für eine gute Idee halten, ein Volksfest zu erfinden, das ausdrücklich zum Ziel hat, anderthalb Millionen Menschen abzufüllen. Nur in Bayern konnte es passieren, dass ein Politfunktionär einer christlichen Partei einen christlichen Pfarrer dunkler Hautfarbe rassistisch beleidigt und Morddrohungen gegen den Kirchenmann provoziert. Nur in Bayern konnte es einen Landesvater wie Franz Josef Strauß geben, der einst sagte: «Die Erziehung der Kinder ist eine Uraufgabe, eine von Gott den Eltern auferlegte Pflicht, ist ihr ureigenstes Recht.» Vermutlich ist es deshalb auch nur folgerichtig gewesen, dass die folgende Geschichte in Bayern passierte.

Es begab sich in Landshut, so erzählt die *Süddeutsche Zeitung*, dass eine Mutter ihrer Uraufgabe nachzukommen versuchte, ihrer von Gott auferlegten Pflicht, ihr siebenjähriges Kind dazu zu bewegen, ins Bett zu gehen; allein, das Kind wollte nicht. «Dabei beleidigte das Mädchen die Mutter und bewarf sie mit verschiedenen Gegenständen», schreibt die *SZ*. Die Mutter rief daraufhin die Polizei. Wie man das in Bayern eben so macht, wenn man vom Kind mit Gegenständen beworfen wird. Hilfsbereit wie immer rückten die Gesetzeshüter alsbald an und deeskalierten. Nach einer «Zahnreinigung unter amtlicher Aufsicht» wanderte die junge Delinquentin in Begleitung der Polizei ins Bett. Immerhin stürmte nicht gleich ein Sondereinsatzkommando die Wohnung, wie sonst in Bayern, wenn es um Bagatellen geht.[1]

DAS PERFEKTE VERBRECHEN

Die Filmindustrie und ihre Zuschauer wissen ein geschickt eingefädeltes Vermögensdelikt zu würdigen. *Oceans's 11, The Italian Job, Der Große Eisenbahnraub, The Insider* – alles Filme über möglichst kreativen Diebstahl. Wenn über die Versicherungen hinaus niemand ernsthaft zu Schaden kommt, schätzen wir Zuschauer einen unterhaltsamen Raub.

Einer der großartigsten Raubzüge der letzten Jahre war so genial wie unspektakulär. Kein Hollywood-Blockbuster-Format. Eher Wolf-Haas-Verfilmung, nachts, im Dritten. Umso wichtiger, dass er hier entsprechend Würdigung findet.

Die Publikation *Liverpool Echo* berichtete erstmals über die Vorkommnisse in einer Asda-Filiale im englischen Ellesmere Port. Die Asda Stores sind eine Supermarktkette, die von den Brüdern Fred und Peter Asquith gegründet wurde (was hat es eigentlich mit Supermärkten und Brüdern auf sich?). Asda hat in England nach Tesco den größten Marktanteil. In Ellesmere Port steht einer ihrer sogenannten Supercenter, eine Filiale mit besonders großer Ladenfläche und Sortiment. Unter anderem betreibt der Supermarkt inmitten seiner Verkaufsfläche eine Postfiliale, in der es neben den üblichen Dienstleistungen, wie dem Versand von Briefen und Paketen, auch Umschläge zu erwerben gibt. Ich fasse zusammen: In einem Supermarkt steht unweit der Regale mit DVDs und CDs eine Post, die Polsterumschläge und den Versand frankierter Umschläge im Angebot hat. Bevor man mit seiner Ware zur Kasse muss. Was könnte da großartig schiefgehen?

Die ganze Geschichte kam ans Tageslicht, als Kunden eines

Tages fragten, weshalb Umschläge nur noch auf Anfrage erhältlich waren. Die durchaus amüsierten Mitarbeiter erzählten eine Geschichte, die es bis in *The Independent* schaffte:

Unbekannte erwarben Polsterumschläge aus dem Sortiment des Supermarktes und schickten sich via Postfiliale die neusten DVDs und Blue-Rays selbst zu. Technisch Diebstahl, menschlich Gold. So einfach, und doch so genial. Klar, kein Filmstoff. In der Geschichte ist auch mit Phantasie keine Explosion oder Verfolgungsjagd unterzubringen. Aber nichtsdestotrotz dürfte diese Meldung als eines der schönsten Verbrechen überhaupt gelten. Und sie zeigt eine Lücke im Strafrecht: Klar, Strafe muss sein, aber es sollte sich strafmindernd auswirken, wenn es sich um ein solch kreatives Vermögensdelikt handelt.[2]

DER BAUM

Der «Arbre du Ténéré» war der berühmteste Baum der Sahara. In der Ténéré-Wüste gelegen, überlebte er jahrzehntelang – allein. Im Umkreis von 400 Kilometern gab es keinen anderen Baum. Er hatte sich so tief in den Boden gegraben, wie Notre-Dame hoch ist, um an Wasser zu gelangen. Die Überreste des «Arbre du Ténéré» sind heute in einem bewachten Mausoleum in der Hauptstadt des Niger zu besichtigen.

Er starb, als ein betrunkener Libyer durch die Sahara raste und es fertigbrachte, genau in diesen Baum hineinzufahren. In den einzigen Baum im Umkreis von 400 Kilometern. Mehr muss man über die Menschheit eigentlich nicht wissen.[3]

ENKELTRICK

Häufig ist die Schlagzeile bereits die ganze Geschichte. Aber manchmal entpuppt sich die Headline als irreführend. Oder lässt die Leserinnen im Unklaren über das wahre Motiv einer Tat. So war es auch bei der Schlagzeile der *China Daily*, der ersten und größten englischsprachigen Tageszeitung Chinas: «Man seeks fake son to trick aged mother», war da zu lesen. Und natürlich assoziiert man da gleich den Enkeltrick und sonstigen betrügerischen Schabernack herbei. Aber dann las ich mich rein und entdeckte eine schöne, wenn auch tragische, fast schon filmreife Geschichte.

Huang Xiaoyongs Sohn war 2009 mit 21 Jahren an einer kongenitalen Muskeldystrophie gestorben. Der Großmutter des Jungen wollte man aber die Pein ersparen und erzählte ihr stattdessen, er sei zu einer langwierigen Behandlung in einer anderen Stadt. Großmutter und Enkel hatten ein besonders enges Verhältnis: Sie hatte den Jungen nach der Scheidung der Eltern großgezogen. Und so brachte es niemand übers Herz, der Großmutter die Wahrheit über das Ableben ihres geliebten Enkels zu sagen.

Eine Zeitlang ging die Scharade gut. Doch die Großmutter schöpfte schließlich Verdacht, bis sie im Frühjahr 2016 mehr wissen wollte. Verzweifelt behauptete der Vater des Verstorbenen, es ginge dem Jungen besser, er könne jetzt mit Hilfe eines Stockes wieder gehen. Die Großmutter bestand darauf, den Jungen zu sehen.

Huang Xiaoyong wusste daraufhin keine andere Lösung, als einen öffentlichen Aufruf zu starten. Er suchte einen Mann im Alter seines Sohnes, der den Verstorbenen gegenüber der Großmutter spielen könnte. Diese war nahezu blind, und Huang Xiaoyong hoffte, sie erfolgreich täuschen zu können. Danach sollte der Großmutter vermittelt werden, dass der Sohn für einige Jahre ins Ausland müsse, um seine Behandlung abzuschließen.

Enttäuschenderweise verriet der erste Bericht nicht, wie die Geschichte weiterging. Aber Gott sei Dank erschien später ein Artikel in der *Daily Mail,* der uns den Ausgang erzählt:

Huang Xiaoyong fand tatsächlich einen falschen Sohn durch den Medienaufruf. Wang Feng, aus der gleichen Stadt wie die Familie, hatte in etwa das richtige Alter, um den Sohn mimen zu können. Nachdem sich Wang Feng gemeldet hatte, übte er gemeinsam mit Huang Xiaoyong den Gang und die Bewegungen ein, die nötig würden, die Großmutter zu täuschen. Klassisches Method-Acting. Kurz darauf wurde das Treffen organisiert. Um nicht durch den fremden Körpergeruch aufzufliegen, rieb Huang Xiaoyong den falschen Sohn mit einem Sirup aus wilden Disteln ein.

Der Plan ging auf: Dem Bericht zufolge war es ein emotionales Treffen. Zu keinem Zeitpunkt schöpfte die Großmutter Verdacht. Andererseits: Vielleicht tat sie es ja doch. Und entschied für sich selbst, der Geschichte Glauben zu schenken.[4]

EIN NEUES LEBEN

Alles zurücklassen und komplett neu anfangen: neues Land, neuer Name, neues Leben. Vor allem dann eine attraktive Option, wenn man dem langen Arm des Gesetzes entfliehen möchte. Um das neue Glück perfekt zu machen, ist eine Maßnahme unabdinglich: Es gilt, den eigenen Tod erfolgreich vorzutäuschen.

Für Bennie, einen Mann aus Florida, schien genau das der einzige Ausweg. Bennie, der gegen das Betäubungsmittelgesetz verstieß, hatte immer mehr Angst aufzufliegen. Er entwickelte eine regelrechte Paranoia vor der Polizei. Sein Gefühl sagte ihm: Die Behörden waren ihm auf der Spur und würden ihn jeden Augenblick verhaften. Also fasste Bennie einen Plan. Er musste verschwinden.

Eines Tages war er mit seiner Frau am Strand. Bennie schwamm hinaus. Nervös beobachtete seine Frau, wie er sich immer mehr vom Strand entfernte, bis ihn die Fluten verschluckten. Panisch rief Bennies Frau um Hilfe. Doch weder Rettungsschwimmer noch Küstenwache konnten etwas tun. Seine Leiche blieb verschwunden, er wurde für tot erklärt.

Fast forward 20 Jahre. Ein Polizist hält in North Carolina einen Autofahrer an. Bei der Überprüfung der Angaben schöpft der Beamte Verdacht. Er verhaftet den Mann. Auf der Wache dann die Beichte: Der Verhaftete gibt an, ebenjener Bennie zu sein, der vor vielen Jahren angeblich ertrunken war. In Wahrheit hatte er seinen Tod nur vorgetäuscht, um der Fahndung zu entgehen.

In den letzten 20 Jahren hatte er sich ein komplett neues Leben aufgebaut, ein eigenes Geschäft gegründet und neu geheiratet. Sein altes Leben habe er zurückgelassen, weil er Angst davor gehabt hatte, dass die Polizei ihn aufgrund seines Drogenhandels verhaften würde.

Nur: Die Polizei war ihm nie auf der Spur gewesen. Die Behörden hatten Bennie überhaupt nicht auf dem Radar gehabt. Der ganze Schlamassel war völlig unnötig gewesen.[5]

BEST OF:

OH, THE IRONY!

Ironie. Eine Definition lautet: paradoxe Situation, wie in *Ironie des Schicksals oder der Geschichte.* Viele der Geschichten in diesem Buch triefen nur so vor Ironie. Aber manche Nachrichtenmeldungen und Begebenheiten treiben es geradezu auf die Spitze.

Im englischen Exeter zum Beispiel freuten sich 2014 zahlreiche Kinogänger auf die Premiere von *Noah,* ein Film über die gleichnamige Sintflut. Leider musste die Vorstellung abgesagt werden, weil das Kino unter Wasser stand: Eine defekte Eismaschine hatte das Gebäude geflutet.

In Neufundland raste ein Mann in einen Elch, weil er bei einem anderen Unfall mit einem Elch gegafft und dadurch seinen Elch übersehen hatte. Insgesamt gab es innerhalb von 80 Minuten auf der gleichen Strecke fünf Unfälle mit Elchbeteiligung. (W)elch Chaos.

Der Chef der Drogenfahndung in Helsinki wurde 2016 zu 10 Jahren Haft verurteilt. Grund: Er war in Personalunion gleichzeitig Chef eines Drogenhändlerrings gewesen.

In kaum einer Schlagzeile manifestierte sich Ironie 2016 wie in dieser Meldung auf oe24.at: «Frau geschockt: Totes Huhn in Chicken McNugget entdeckt.» Tatsächlich fand sie eine Feder in ihren Nuggets. Dass ihr Essen mal ein Huhn gewesen sein konnte, war ihr zuvor wohl nicht in den Sinn gekommen.

In einem Ort namens Kangaroo Flat in Australien wurde Sam Walter beim Joggen von einem Känguru getroffen, das ein Auto angefahren und durch die Luft geschleudert hatte. Nur einen Abend zuvor hatte Sam Känguru-Steak gegessen. Wie jemand bei Twitter schrieb: «Die australischste Nachrichtenmeldung aller Zeiten.»

Man nannte Patrick Edlinger den «Gott der Freeclimber», auch «Spiderman der Schluchten». Er war einer der Pioniere des Kletterns ohne Sicherung. In seiner Karriere erschloss er zahlreiche Routen und turnte an unzähligen Steilwänden entlang. Er überlebte alle Kletterpartien. Patrick Edlinger starb, als er in seinem eigenen Haus eine Treppe hinunterfiel.

Ein irakischer Flüchtling hatte allen Widrigkeiten zum Trotz seinen Sinn für Humor und eine gehörige Portion Selbstironie nicht verloren. Er kaufte sich ein T-Shirt mit dem Aufdruck «I'm Muslim, don't panic» und plante, seine Heimmitbewohner zu erheitern. Einige von ihnen dachten jedoch, er mache sich wirklich über ihren gemeinsamen Glauben lustig. Der muslimische Mann wurde von drei anderen Muslims krankenhausreif geprügelt.

George Harrison, Gitarrist der Beatles, war bis zu seinem Tode ein begeisterter Gärtner. In Erinnerung an ihn pflanzte man einen Baum in einen Park in Los Angeles. Zehn Jahre später starb auch der Baum – aufgrund eines Käferbefalls. Oder wie die Viecher auf Englisch heißen: Beetles.

Auf Malta wurden Ende 2016 die Dreharbeiten zur Verfilmung einer Flugzeugentführung unterbrochen – durch eine Flugzeugentführung.

Csanád Szegedi ist einer der Gründer der ungarischen Jobbik-Partei. Die Partei ist berüchtigt für ihre rassistische Politik, ihren Nationalismus und vor allem für ihren Antisemitismus. In zahlreichen Reden wetterte er gegen Juden und verbreitete antisemitische Verschwörungstheorien. Dann fand er heraus, dass seine Oma mütterlicherseits Jüdin und Auschwitz-Überlebende ist. Csanád Szegedi besucht jetzt regelmäßig die Synagoge und bekennt sich offen zum Judentum.

Zwei Frauen in Oak Hill, USA, wurden verhaftet, nachdem die Polizei an ihrer Tür ein Schild entdeckt hatte, das Verrätern und Spitzeln mitteilte, dass sie nicht willkommen seien. Die Polizei zählte zwei und zwei zusammen, durchsuchte das Haus und fand ein umfangreiches Drogenlager. Immerhin: Verpfiffen worden waren sie nicht.

Ein US-Politiker beschwerte sich öffentlich über die Eichhörnchenplage in seiner Stadt. Kurz darauf war er auf seinem Fahrrad unterwegs, als ihm ein Eichhörnchen in die Speichen sprang. Der Mann flog über sein Lenkrad, brach sich die Nase, zog sich eine Schädelfraktur zu und schlug sich eine Handvoll Zähne aus. Er bezeichnete den Angriff des Eichhörnchens als Selbstmordattentat.

Aber das größte Pech hatten zwei Diebe, die im Osten Frankreichs ein McDonald's-Restaurant überfielen. Was sie nicht wussten: 11 Mitglieder einer französischen Anti-Terror-Spezialeinheit aßen dort grad zu Mittag. Keiner der Diebe entkam.[6]

RUHE IN FRIEDEN, GURKI!

Stellen Sie sich vor: Sie sind abends allein im Wald unterwegs, die Dunkelheit bricht an, Sie sind allein. Plötzlich, zwischen den Bäumen, nehmen Sie eine Bewegung wahr. Nervös schauen Sie genauer hin. Was Sie sehen, lässt Ihnen das Blut in den Adern gefrieren. Ein Mann ist dort im Dunkeln zugange. Er vergräbt etwas und verschwindet dann.

Genau das passierte einer Spaziergängerin in Achern. Als sie mit ihrem Hund beim Friedhof von Sasbach unterwegs war, lief sie in ebenso eine Szene. Zur Sicherheit rief sie die Polizei. Die Beamten exhumierten das frische Grab behutsam und fanden eine kleine Kiste, auf der jemand handschriftlich «Gurki» und das aktuelle Datum vermerkt hatte. Was würden die Beamten in der grusligen Kiste entdecken? Einen Hamster? Einen Vogel? Gar ein Kind?

Nichts davon: Was die Polizei in der Kiste entdeckte, untertraf alle Erwartungen. Eine verschimmelte Gewürzgurke. Der Übergang in die Ungenießbarkeit war dem Besitzer offenbar sehr nahe gegangen. Gemäß dem Motto «Die Würde des Gürkchens ist unantastbar» schließt die Polizeimeldung mit den Worten: «Die Polizisten entsorgten andächtig das ‹verblichene› Gemüse und setzten ihre Streife fort.»[7]

DER MANN, DER VERHAFTET WURDE, WEIL ER VERGASS, DASS ES VOR NETFLIX VIDEOTHEKEN GAB

Es gibt so einiges an Technologie, das die Jugend von heute nicht mehr kennt: Audiokassetten, Disketten, Wählscheibentelefone, Telefonhäuschen. Selbst Institutionen, mit denen Menschen in meinem Alter groß geworden sind, verlieren mit jedem Jahr mehr und mehr an Relevanz und verschwinden aus dem Stadtbild. Videotheken zum Beispiel. Noch in den frühen nuller Jahren besaß ich Mitgliedsausweise für mehrere Videotheken in Bielefeld. Freilich entlieh ich DVDs und nicht VHS-Kassetten. Aber schon damals waren Dinge aus der Mode gekommen, die wenige Jahre zuvor noch zum guten Ton gehörten. Das Zurückspulen der Kassette zum Beispiel war Pflicht gewesen und wurde mit 2 DM pro nicht zurückgespulter Videokassette bestraft. Und auch die Gefahr, dass man die Kassette nicht abspielen konnte, weil das Magnetband ausgeleiert war, war dank DVD bereits ein Ding der Vergangenheit.

Wer ausgeliehene Filme nicht fristgerecht zurückbrachte, musste eine Strafe zahlen. Und die summierte sich, je länger man sich der Rückgabe widersetzte. Tja, unglaublich aus heutiger Sicht und vor allem für die Jugend von heute, die mit Netflix, Amazon Prime und Popcorntime aufwächst, wo man höchstens Gefahr läuft, abgemahnt zu werden, wenn man sich nicht mit VPN zu schützen weiß. So was wie VPN hatten wir nicht. Wer in Verzug geriet, der musste zahlen oder in ein Land ohne Auslieferungsabkommen flüchten, da konnte man sich nicht anonym rauswinden, schließlich hatte man seine Adresse angegeben.

Das wurde einem Mann in North Carolina zum Verhängnis, wie die *New York Daily News* zu berichten weiß. James Meyers geriet eines Morgens in eine Verkehrskontrolle, weil eines seiner Rücklichter kaputt war. Nachdem der Beamte Meyers' Namen durch die Datenbank gejagt hatte, teilte er dem verdutzten Fahrer mit, dass es einen ausstehenden Haftbefehl auf seinen Namen gebe. Dem Fernsehsender *WSOC* zufolge sagte der Polizist:

«Ich weiß beim besten Willen nicht, wie ich Ihnen das sagen soll, aber es gibt einen Haftbefehl gegen Sie aus dem Jahr 2002. Anscheinend haben Sie den Film *Freddy Got Fingered* ausgeliehen und nie zurückgebracht.»

Es gibt mit Sicherheit viele Gründe, James Meyers verhaften zu lassen. Nicht zuletzt sein fragwürdiger Filmgeschmack. *Freddy Got Fingered*, ernsthaft? Der war bereits 2001 nicht witzig. Der Filmkritiker Roger Ebert sagte gar, der Tag käme niemals, an dem ein Film als witzig angesehen würde, in dem der Hauptdarsteller einem Pferd einen runterholt, ein Reh häutet, um es anzuziehen, und ein neugeborenes Kind durch einen Kreißsaal schleudert. Und das war nur die erste Hälfte. *Freddy Got Fingered* erhielt fünf Goldene Himbeeren, unter anderem als schlechtester Film, für das schlechteste Drehbuch und den schlechtesten Darsteller. 2010 war er als schlechtester Film des Jahrzehnts nominiert.

Aber sein Filmgeschmack war nicht der Grund. Nein, es gab einen Haftbefehl, weil Mr. Meyers die VHS-Kassette nicht zurückgebracht hatte, der Schlingel. James Meyers, so wird berichtet, lachte auf (was, welch Ironie, kein Zuschauer von *Freddy Got Fingered* jemals getan hatte). Dem Polizisten war es furchtbar unangenehm. Aber es war tatsächlich korrekt. Obwohl es die Videothek gar nicht mehr gab, wurde James Meyers wegen einer nicht zurückgebrachten Videokassette polizeilich gesucht.

Sowohl Meyers als auch der Polizist nahmen's mit Humor.

Der Delinquent durfte seine Tochter zur Schule bringen, bevor er sich freiwillig stellte und im Polizeirevier mit Handschellen und allem Pipapo verhaftet wurde. Die Geschichte machte schnell die Runden, und der Schauspieler und Produzent des Films, der zu Recht in Vergessenheit geratene Comedian Tom Green, versprach, die Strafe – bis zu 200 Dollar – zu übernehmen. Ob bei der Gerichtsverhandlung die Frage behandelt wurde, ob Meyers denn wenigstens die Kassette zurückgespult hatte, ist nicht überliefert. Immerhin: Das Verfahren wurde eingestellt.[8]

BARNEY

Barney, Held der Serie *Barney und seine Freunde,* ist – und ich zitiere direkt aus der Wikipedia – «ein lila Dinosaurier, der gemeinsam mit anderen Plüsch-Sauriern und (realen) Kindern, der Sesamstraße nicht unähnlich, mit seinen Liedern und optimistisch-freundlichen Grundhaltung Lerninhalte vermittelt». Barney singt Lieder wie *Ich mag dich, du magst mich,* hat eine DVD namens *Spring und Sing mit Barney* auf den Markt geworfen und zieht sich an und verhält sich generell so, wie man sich den örtlichen Kinderfänger vorstellt. Bei IMDb hat die Serie eine Wertung von 3,5 von 10 Sternen und damit nur 1,5 Sterne mehr als *Daniel, der Zauberer,* dieses filmartige Vehikel, mit dem irgendwer irgendwann mal am Daniel-Küblböck-Zug andocken und Geld verdienen wollte. In einer Amazon-Rezension einer Barney-DVD schreibt eine Mutter: «ACHTUNG, Kinder wollen meist mittanzen, Platz frei für Barney und seine Kids! Meine Tochter schwingt immer ihren Pamperspopo und ist von Barney begeistert», und im Prinzip ist das alles, was man über Barney wissen muss.

Nun stelle man sich vor, man müsste Barney gucken. Nicht nur kurz, auf YouTube, aus Neugierde, weil man gerade ein Kapitel namens *Barney* gelesen hat. Sondern täglich. Sieben Tage die Woche. Das ganze Jahr, Monat für Monat. 12 Jahre lang. Genau das passierte Martin.

Martin fiel der *Washington Post* zufolge mit 12 Jahren in eine Art Wachkoma, die man *Total Locked-in Syndrome* nennt: Der Mensch ist nach außen hin katatonisch. Für die Außenwelt ist nicht erkennbar, ob der Patient bei Bewusstsein ist, ob er etwas hört oder sieht, wie viel er mitbekommt. Der Mensch ist Gefangener des eigenen Körpers mit kaum einer Möglichkeit, sich mitzuteilen.

Angenommen, man leidet am Locked-in Syndrome. Man kann sich nicht bewegen, man kann nicht reden, aber ist bei vollem Bewusstsein. Und niemand bekommt es mit. Stattdessen läuft im Fernseher im Pflegeheim, in dem man tagsüber untergebracht ist, jeden Tag *Barney und seine Freunde.* 12 Jahre lang. Da bekommt *12 Years a Slave* eine völlig neue Bedeutung. Ironischerweise war es diese Folter, die Martin aus seinem Wachkoma holte.

Ohne Ausweg mit dem lila Albtraum konfrontiert, versuchte er, sich mit Gedanken und Tagträumereien abzulenken. Er beobachtete das Sonnenlicht und lernte, die Uhrzeit anhand seines Verlaufs zu deuten. Dieses Gehirntraining hatte Auswirkungen auf seine Gesundheit im Allgemeinen: Langsam, aber sicher besserte sich Martins Zustand. Als er 26 war, konnte er sich mittels eines Computers seiner Familie verständlich machen. Heute ist Martin Unternehmer, verheiratet und Autor der Biographie *Als ich unsichtbar war: Die Welt aus der Sicht eines Jungen, der 11 Jahre als hirntot galt.*

Die Serie *Barney und seine Freunde* wurde 2010 abgesetzt. Martin lebt noch immer.[9]

NEWSTICKER

Bundespolizei holte aggressiven, nackten 22-Jährigen samt Küchenmesser während Intimrasur aus Zugtoilette (ZDF-Studio NRW) +++ Woman in sumo wrestler suit assaulted her ex-girlfriend in gay pub after she waved at man dressed as a Snickers bar (Evening Herald) +++ Craigslist ads offer plastic bags for sale filled with «free» marijuana (UPI) +++ Pornostar verprügelt Freund, weil dieser Pornos guckte (Queer.de) +++ Statistics show that teen pregnancy drops off significantly after age 25 (New York Post) +++ Study shows frequent sex enhances pregnancy chances (The Winchester Star) +++ Woman's Dead Body Mistaken for Halloween Decorations (Time) +++ Winterdienst-Panne: Streusalz aus Schinkenherstellung lässt Hunde ausflippen (Kölner Stadt-Anzeiger) +++ Bahrain finds opposition leader guilty of opposition (The Intercept)

RACHE IST EIN GERICHT, DAS AM BESTEN KALT SERVIERT WIRD

Der Titel dieser Geschichte ist ein klingonisches Sprichwort. Es bedeutet in etwa: Rache will gut überlegt sein, nichts wird so heiß gegessen, wie es gekocht wird. Diese klingonische Weisheit bewahrheitete sich im Falle von Miles Wood gleich im doppelten Sinne.

Als Miles 11 Jahre alt war, schickte er seinem Lieblings-Eishockeyspieler Alexander Ovechkin eine Sammelkarte mit der Bitte, sie zu signieren. Täte er das nicht, schrieb Miles seinem Idol, würde er selber Profi-Eishockeyspieler werden und ihm einen Bodycheck verpassen. Ovechkin antwortete dem Jungen nie.

10 Jahre später. Im Spiel der Washington Capitals mit Alexander Ovechkin in ihren Reihen steht beim Gegner New Jersey Devils Miles Wood in der Startaufstellung. Er hatte seine Drohung wahr gemacht und war NHL-Profi geworden.

Dass Ovechkin das Spiel ohne Verletzung beenden konnte, lag daran, dass das einstige Idol des jungen Spielers vor Anpfiff eine signierte Autogrammkarte in die Kabine von Miles hatte liefern lassen, samt der Bitte, es doch locker angehen zu lassen.

Miles bekam seine Rache dennoch, eiskalt auf der Eisfläche serviert: Sein Team gewann das Spiel, und nach dem Schlusspfiff entschuldigte sich Ovechkin persönlich bei dem Jungen, dessen Brief er nie beantwortet hatte.[10]

SO WIE EINST BEI JONATHAN FRAKES

Wir schreiben das Jahr 1951 in der ältesten Stadt Nordamerikas, St. John's auf Neufundland in Kanada. Es ist Weihnachten, und der zwölfjährige Ed «Kip» Malone hat grad ein Pfund Butter geholt, als er auf dem Heimweg ein Feuer in einem Haus entdeckt. Das Gebäude steht lichterloh in Flammen. Kip bleibt entsetzt stehen. Aus dem Haus hört er plötzlich die Schreie einer Frau, irgendjemand möge doch bitte ihre Enkelkinder retten.

Kip rennt ins brennende Haus und findet im dritten Stock ein fünfjähriges Mädchen. Er versucht, sie aus dem Haus zu zerren, doch sie weigert sich, ohne ihre Schwester das Haus zu verlassen. Verzweifelt sucht Kip die Etage ab und findet das andere Mädchen, gerade mal drei Jahre alt, unter einem Bett. Er schnappt sich die beiden Schwestern und bringt sie in Sicherheit. Die Großmutter der Mädchen überlebt das Feuer nicht.

Die Jahre gehen ins Land. Es zieht Kip der Arbeit wegen nach Ontario. Immer wieder fragt er sich, was aus den Mädchen geworden ist. Als er in Rente geht, kehrt Kip zurück in seine Heimatstadt, St. John's.

Er kommt mit seiner neuen Nachbarin ins Gespräch. Sie reden über Gott und die Welt, ihre Kindheit, tauschen Erinnerungen aus. Margaret, so heißt die Nachbarin, erzählt, dass ihre Schwester Barbara und sie bei einem Brand ihre Großmutter verloren und dass sie selbst nur mit sehr viel Glück überlebt hätten. Kip horcht auf. Er sagt, dass er mit 12 Jahren zwei Mädchen bei einem Brand das Leben gerettet habe. Margaret traut ihren Ohren nicht, fällt fast in Ohnmacht. Nach 65 Jahren war Kip ausgerechnet neben das Haus der Frau gezogen, die er einst aus dem Feuer gerettet hatte. Margaret holt ihre Schwester Barbara dazu, damals gerade drei Jahre alt, die noch nicht mal was von einem Retter gewusst hatte. Die drei können es nicht fassen. «Wenn Kip nicht gewesen wäre», erzählte Barbara den *CBC News*, «gäbe es mich heute nicht, und ich hätte nicht das wundervolle Leben und die Familie gehabt, die ich dank ihm habe.»

Das wäre jetzt die Stelle, an der Jonathan Frakes in der Sendung *X-Factor – Das Unfassbare* gefragt hätte: «Hat sich diese Geschichte wirklich so zugetragen?» Aber so phantastisch diese Geschichte auch klingt, sie ist wirklich passiert.[11]

DON'T LOOK BACK IN ANGER

Apropos *X-Factor*: Viele der Geschichten kreisten um die Frage, ob die mysteriösen Ereignisse a) Einbildung, b) natürlichen Ursprungs oder c) Geister waren. Wenn eine Geschichte der Sendung nach nicht erfunden war, wurde die Ursache für die geisterhaften Umstände gern mal offengelassen. Geister verkaufen sich eben besser als eine völlig banale Erklärung für Tische, die sich wie von selbst bewegen.

Mit eben solch einem Fluch hatte Liam Gallagher, Sänger der Band Oasis, zu kämpfen. Wo auch immer sie sich grad auf Tour befanden, egal, ob in einem einsamen Hotel oder einem altehrwürdigen Anwesen, Dinge bewegten sich in seinen Zimmern wie von Geisterhand. Lampen fanden sich an anderer Stelle wieder. Bilder waren umgedreht. Möbel verrückt. Liam Gallagher war überzeugt, Opfer eines Poltergeists zu sein.

Dabei war das Ganze nur ein Streich seiner Bandkollegen gewesen, erzählten die Brüder Liam und Noel Jahre später Reportern. «Wenn unsere Unterkunft auch nur ansatzweise unheimlich war», beichtete Noel dem *Mirror*, «sagten wir Liam, dass es hier spuken würde, vor allem in seinem Zimmer. Wenn er dann morgens beim Frühstück war, würde einer von uns in sein Zimmer gehen und Dinge umstellen. Er kam dann immer völlig bleich zu uns: ‹Wart ihr in meinem Zimmer?› – ‹Nee, wieso?› – ‹Die verdammte Lampe ist jetzt auf dem Klo!› – ‹Quatsch, ernsthaft? Wow!›»

Liam Gallagher hatte sein halbes Leben fürchterliche Angst vor Geistern. Noel Gallagher sagt, dass es sehr amüsant war. But don't look back in anger, I heard you say.[12]

SCHEISSTAG

Bislang dachte ich ja immer, der Begriff Scheißtag käme daher, dass der Tag scheiße ist, im Sinne von beschissen, also: doof. Tage also, wie sie gefühlte 90 Prozent aller Protagonisten dieses Buches haben.

Aber, wer hätte das gedacht, der Scheißtag, also der Begriff, hat einen sehr realen, buchstäblichen Ursprung: Als Scheißtag bezeichnete man früher die unbezahlten Arbeitstage, die Knechte und Dienstboten leisten mussten, um die Zeit auszugleichen, die sie während der sonstigen Arbeitszeit auf dem Klo verbracht hatten. Was für ein Scheiß.[13]

BEST OF:

DAS STILLE ÖRTCHEN

An keinem anderen Ort ist der Mensch so verletzlich wie an dem Ort, der zwar alles andere als still ist, aber dennoch so heißt. What happens in the Örtchen, stays in the Örtchen, ist, so würde man meinen, ein ungeschriebenes Gesetz – aber anscheinend ist dem nicht so. Auch aus diesen intimsten aller vier Wände dringt immer wieder mal etwas nach draußen und landet manchmal auf Papier.

Atthaporn Boonmakchuay – und allein schon dieser Name verdient einen Preis – saß auf dem Klo, als er untenrum plötzlich etwas spürte, das sich anfühlte, als habe ihn eine Schlange in die Eichel gebissen. Er schaute interessiert nach, und tatsächlich: Atthaporn Boonmakchuay hatte eine Schlange in die Eichel gebissen und hing nonchalant an seinem Zipfel. Das Biest war offenbar die Abflussrohre hinaufgeschlängelt und hatte, als es endlich des Lichtes am Ende des Tunnels ansichtig wurde, nach dem Erstbesten geschnappt, was ihm vor die Nase gebaumelt war. Doch Atthaporn Boonmakchuay hat nicht nur einen geilen Namen, er ist auch ein Kämpfer. Und er hatte nicht vor, sein bestes Stück herzugeben. Er hing an ihm. Die Schlange aber auch. Was folgte, war ein blutiger Kampf, bis die Feuerwehr dazustieß und Atthaporn Boonmakchuay rettete. Die gute Nachricht: Alle drei Beteiligten überlebten. Ob Atthaporn Boonmakchuay sich jemals wieder auf ein Klo setzen wird, ist eine andere Frage.

Derweil vermietete ein Mann in London eine Toilette für 3000 Pfund im Monat. Ja, nur eine Toilette. Ein kleiner Raum mit einer Toilette darin. Mehr nicht. Für 3000 Pfund im Monat. James Atherton hofft, Bus- und Fernfahrer als Kundschaft zu gewinnen, zumal öffentliche Toiletten immer weniger werden. Viel Glück.

Lisa Levy setzte sich in Brooklyn im Rahmen einer Kunst-Performance 10 Stunden lang nackt auf ein Klo, um die Albernheit und Überheblichkeit von Kunst-Performances zu zeigen oder so. Gegenüber von ihr war ein weiteres Klo platziert, auf das sich Besucher setzen konnten, in einer Art Hommage an Marina Abramovic. Ob Schlangen involviert waren, ist dem Bericht nicht zu entnehmen.

Nicht ganz so freiwillig saß eine andere Frau auf dem Klo fest, und zwar zwei Jahre lang. Die 35-Jährige blieb so lange sitzen, bis sich offene Wunden bildeten und ihre Haut an der Klobrille festgewachsen war. Ihr Freund fragte zwar immer wieder, ob er etwas tun könne. Er brachte ihr sogar Essen und Wasser ans stille Örtchen. Trotzdem musste er sich später vor Gericht verantworten, nachdem man der Frau die Klobrille operativ entfernen musste.

Ein Mann mit einer Klobrille auf dem Kopf und einer Clownsnase verfolgte eine Familie in einem Supermarkt. Als sie flüchtete, rief er ihnen nach, dass sie gut daran täten wegzulaufen. Der Polizei teilte er mit, dass er einen komischen Sinn für Humor habe, und wahrscheinlich wäre es besser, damit aufzuhören. Hm, glaubst du?

Ob komischer Humor oder schlichtweg Alkohol der Auslöser für diese Örtchen-Geschichte war, ist nicht bekannt: Im bayerischen Amberg wurde die Polizei herbeigerufen, weil ein betrunkener Mann mit einem Böller die Kloschüssel einer Diskothek in die Luft gejagt hatte. Normaler Samstagabend in Bayern. Die Polizei führte einen Alkoholtest durch – und staunte nicht schlecht. 5,24 Promille hatte der Mann intus. Beachtlich, droht doch schon ab dreieinhalb Promille Lebensgefahr.

In einem Münchener Mietshaus klagten die Bewohner über verstopfte Rohre und defekte Abflüsse. Bei der Reparatur entdeckte die Reinigungsfirma unzählige zerschnittene Kadaver von Mäusen. Die hinzugerufene Polizei fand in der Wohnung eines älteren Mannes dann weitere tote sowie 250 noch lebende Mäuse samt Tisch für Mäusesektionen nebst Seziergeräten. Die aufgeschnittenen Mäuse hatte der Arzt im Klo runtergespült. *Spiegel Online* zufolge wollte er sich nicht näher zu den Forschungsarbeiten äußern.

Der Flughafen Narita in Tokio hat sich erfolgreich auf die Realitäten der Gegenwart eingestellt, in der das Smartphone zum unverzichtbaren Begleiter beim Toilettengang geworden ist (womöglich lesen Sie dieses Buch gerade auf Ihrer E-Book-App auf dem Klo?). Dieser Herausforderung begegnet der Flughafen mit «Toilettenpapier fürs Smartphone»: Jede Kabine hat neben der klassischen Klorolle eine zweite Rolle mit feuchtem Hygienepapier, mit dem man seinen Smartphone-Bildschirm desinfizieren soll. Zudem enthalten die Blätter Informationen zu WLAN und Weiterreisemöglichkeiten.

Das fast beschissenste Date aller Zeiten hatte die Twitter-Userin @_blotty der *Toronto Sun* zufolge. Als sie bei einem Date auf die Toilette ging (groß), stellte sie fest, dass die Toilette ihres Dates nicht spülte. Was tun? Sie tat das, was sich Millionen von

Sitcom-Autoren schon gedacht, aber nie zu schreiben wagten: Sie wickelte *es* in ganz viel Klopapier und verstaute *es* in ihrer Handtasche (womit hoffentlich nicht abschließend geklärt wäre, was Frauen in ihrer Handtasche herumtragen). Dann kehrte sie zu ihrem Date zurück und machte die üblichen Date-Sachen, während in ihrer Handtasche *es* darauf wartete, entsorgt zu werden. Irgendwann ging ihr Date aufs Klo. Als sie hörte, dass die Spülung wieder ging, gab es doch noch ein Happy End. Natürlich erzählte sie der ganzen Welt via Twitter davon. Wie man das halt so macht. Die erste Zeile ihrer Tweet-Serie: «I have a story to tell. It is about my poop.»

Etwas weniger glimpflich ging eine ähnliche Geschichte für eine Frau aus, die bei ihrem Date ebenfalls mit der Tatsache konfrontiert wurde, dass die Spülung nicht funktionierte. Statt ihre Handtasche zu Hilfe zu nehmen, entschied sie sich laut *VICE Austria* dafür, das Beweisstück aus dem Fenster zu schmeißen. Blöd nur, dass es die Sorte Doppelscheibe war, die tatsächlich aus zwei verschiedenen Fenstern besteht – entsprechend fiel es in den Spalt. Und beim Versuch, es wieder herauszuholen, blieb sie im Spalt stecken. Die Feuerwehr musste anrücken, um sie zu befreien. Deswegen schrieb ich beim vorherigen Beispiel, dass es eben nur fast das beschissenste Date aller Zeiten war.

«Weniger müssen müssen», lautet seit Jahren der Werbespruch eines Pharmakonzerns. Manchmal ist es aber keine Frage der Häufigkeit, sondern des Timings. Manchmal muss es ganz, ganz schnell gehen. Und wenn es nicht schnell genug geht, weil zum Beispiel der vorherige Benutzer zu lange braucht – Großfamilien wissen, wovon ich rede –, kann man schon mal zur Waffe greifen. Ein Mann namens Shawn war definitiv der Ansicht, dass die Person auf der Toilette seiner Wohnung zu lange brauchte. Also griff er nach der Waffe in seinem Hosenbund und feuerte auf die geschlossene Klotür. Berichten zufolge verfehlte er die Person im Badezimmer nur um Haaresbreite.

Und da ist natürlich auch der Denkfehler. Ich kann mir fast nicht vorstellen, dass Pistolenschüsse die Person im Badezimmer dazu bewegen werden, noch schneller herauszukommen. Im Gegenteil: Wenn's vor der Tür mehr knallt als auf dem Donnerbalken, wird man sich ganz genau überlegen, ob und wann man die Tür öffnet. Vielleicht hätte es Shawn doch auf die nette Tour versuchen sollen. So oder so: Er landete im Gefängnis. Und dort gibt es in der Regel, Gott sei Dank, Toiletten in jeder Zelle. Sogar ohne Türen.[14]

«LECK MICH IM ARSCH»

Vielleicht haben Sie es schon mal bei Ihren Kindern gesehen oder besitzen gar selbst ein entsprechendes Musikerzeugnis, das folgendes Merkmal aufweist: einen schwarzweißen, rechteckigen Aufkleber mit der Aufschrift «Parental Advisory – Explicit Content», zu Deutsch und in etwa: Vorsicht, liebe Eltern, diese Songs enthalten jugendgefährdende Sprache.

In unserer Nachbarschaft lebte damals eine Familie mit ein paar Jungs, mit denen wir befreundet waren. Die Jungs hatten eine recht große CD- und Kassettensammlung, vor allem deutsche Musik der Neunziger, unter anderem Tote Hosen, Ärzte, die Fantastischen Vier, Lindenberg, Westernhagen. Aber eins kam der protestantisch geprägten Familie nicht ins Haus: amerikanische Rap-Musik mit dem «Parental-Advisory»-Aufkleber. Stattdessen sollten sie doch bitte lieber Klassik, zum Beispiel Mozart hören.

Was sehr witzig ist, weil Mozart ein großer Fan der Fäkalsprache war. Nicht nur triefen seine Briefe und Notizen vor «schlimmen Wörtern» – seine Vorliebe fand sogar Eingang in seine Musik: Wolfgang Amadeus Mozart komponierte zum Beispiel einen Kanon mit dem wundervollen Text «Leck mich im Arsch g'schwindi, g'schwindi! Leck im Arsch mich g'schwindi! Leck mich, leck mich, leck mich, leck mich, leck mich» usw., usf., Sie können es sich vorstellen, Kanon halt. Aber ja, bevor man den Kindern böse Rap-Musik vorspielt, dann lieber Mozart.[15]

HEIMLICHTUER

Steve Jobs hat zweifellos als einer der Ersten sein iPhone verwendet. Elon Musk war bestimmt einer der ersten Testfahrer des Tesla. Und ich würde darauf wetten, dass Herta Heuwer als Erste die Currywurst verzehrte, die sie am 4. September 1949 an ihrem Imbissstand erfunden hat. Nur: Was, wenn man das, was man erfunden hat, nicht einfach so ausprobieren kann? Dann ist man womöglich Dr. Henry Heimlich, der Erfinder des Heimlich-Manövers, ein lebensrettender Handgriff, mit dem man einen durch einen Fremdkörper versperrten Atemweg befreien kann. Mit 96 Jahren kam Dr. Heimlich zum ersten Mal dazu, das nach ihm benannte Manöver anzuwenden.

Er erfand das Manöver in den siebziger Jahren. Dabei umfasst der Anwender den Oberbauch des Erstickenden von hinten und drückt unter dem Brustkorb kräftig zu. Im Idealfall schießt der entstandene Unterdruck den Fremdkörper raus. Deshalb funktioniert der Heimlich-Griff nicht mit Fischgräten. Und im Falle eines Badeunfalls soll man auch auf ihn verzichten. Zwar drohen schwere Verletzungen bei der Anwendung; die Vorteile des Überlebens überwiegen aber angesichts der Alternative.

In seiner gesamten Laufbahn als Mediziner hatte Dr. Heimlich, der Ende 2016 verstarb, keine Gelegenheit, das Heimlich-Manöver anzuwenden. Bis zum Mai 2016, als er, mittlerweile in einem Heim lebend, merkte, dass seine Sitznachbarin zu ersticken drohte. Die jahrzehntelange theoretische Vorbereitung zahlte sich aus. Geistesgegenwärtig umfasste er die Mitbewohnerin, drückte fest zu und rettete ihr das Leben.

«Es war sehr befriedigend», erzählte Dr. Heimlich dem *Guar-*

dian. «Das war ein wichtiger Moment für mich. Ich wusste von den vielen Leben, die mein Manöver in den ganzen Jahren gerettet hatte. Und ich habe es so oft demonstriert. Aber heute konnte ich das erste Mal jemanden vor dem Tode bewahren.»

Die gerettete Frau war nach der Anwendung sehr glücklich, wenn auch sprachlos. Dr. Heimlich: «Ich jedoch saß einfach nur da mit dem größtmöglichen Lächeln im Gesicht.»[16]

FINGERFERTIG

Eine Schlagzeile im *Guardian* erhaschte im April 2016 meine Aufmerksamkeit: «Russian teenager born with no fingers becomes celebrated piano player.» Was zunächst wie der Anfang eines geschmacklosen Witzes klang, stellte sich als wunderschöne Geschichte heraus.

Alexey Romanov kam ohne Finger an seinen Händen und ohne Zehen an einem Fuß auf die Welt. Seine leiblichen Eltern gaben ihn bald auf. Er landete im Waisenhaus. Mit 12 wurde Alexey adoptiert. In seiner neuen Familie konnte er seiner Leidenschaft für klassische Musik nachgehen, die sich bislang auf das Zuhören beschränkt hatte.

Alexey versuchte, trotz fehlender Finger, das nachzuspielen, was er hörte. Mit Erfolg: Nach gerade mal anderthalb Jahren autodidaktischen Trainings an den Tasten fand ein Video, in dem er die Filmmusik aus *Twilight* nachspielt, virale Verbreitung. Die Zuschauer waren begeistert von dem Jungen ohne Finger. Auch mit anderen Videos sorgte Alexey für Furore, zum Beispiel, als er *River flows in you* des japanischen Komponisten Yiruma spielte. Den Höhepunkt seiner Karriere bildete ein gemeinsames Konzert mit dem Kammerorchester der russischen Stadt Kazan. In einem Bericht heißt es, der Dirigent sei so überwältigt gewesen, dass er sich hätte setzen müssen.

Aber er spielt nicht nur Klavier: Alexey Romanov, der Junge ohne Finger, malt auch und beteiligt sich an der Gartenarbeit.[17]

DER MANN, DER SICH SELBER DEN BLINDDARM ENTFERNTE

Man unterschätze einen Blinddarm nicht. Mein Bruder starb fast an einem Blinddarmdurchbruch. Und auch wenn eine Blinddarmentfernung eine Routineoperation ist, so kann das kleine Biest eine Menge Ärger verursachen. Rechtzeitig entdeckt, ist eine Blinddarmentzündung kein Problem. Zur falschen Zeit und am falschen Ort aber kann sie lebensgefährlich werden.

Das ist die Geschichte von Leonid Rogozov. Rogozov war ein sowjetischer Chirurg, der in den sechziger Jahren an einer Antarktisexpedition teilnahm. Als die Gruppe in der Nowolasarewskaja-Station überwinterte, passierte es: Die Schmerzen in Leonids Leistengegend setzten ein. In seinem Tagebuch beschreibt er es so: «Ich habe die ganze Nacht nicht geschlafen. Es schmerzt wie der Teufel höchstselbst! Ein Schneesturm, der durch meine Seele peitscht, mit dem Geheul Hunderter Schakale.

Noch keine offensichtlichen Symptome eines Durchbruchs, aber eine dunkle Vorahnung bedrückt mich. Das war's wohl. Ich muss mich mit dem Gedanken anfreunden, mich selbst zu operieren. So gut wie unmöglich ... aber ich kann nicht einfach die Hände in den Schoß legen und aufgeben.» Bemerkenswert, mit welcher Leichtigkeit er zwischen poetischem Drama und klinischer Analytik hin und her schaltet. Die Beschissenheit der Situation wird deutlich: kein Ausweg. Keine Wahl. Er muss es selbst machen.

Vor ihm hatte nur ein Mensch seinen eigenen Blinddarm entfernt: ein gewisser Evan O'Neill Kane, bei dem man allerdings nicht weiß, ob die Selbst-OP nicht weniger einer Notwendigkeit als seiner generellen Exzentrik geschuldet war; schließlich war er dafür bekannt, seine Patienten zu tätowieren. (Ja, ich habe da auch Fragen. Nein, ich habe die Antworten nicht.) Er war einer der ersten Chirurgen, der Musik im OP einsetzte. Er behandelte bevorzugt Opfer von Eisenbahnunfällen. Außerdem reparierte er seinen eigenen Leistenbruch und sagte später in einem Mordprozess gegen den eigenen Sohn aus. Angesichts dieser Biographie wäre es also eher eine Überraschung gewesen, hätte Kane nicht seinen eigenen Blinddarm rausgefräst.

Ob Rogozov von Kane wusste, ist nicht bekannt. Auf jeden Fall war es bei ihm weder Exzentrik noch Ehrgeiz, sondern purer Überlebenswille, der eine Selbst-OP nötig machte. Leonid Rogozov machte Nägel mit Köpfen. Er bat die anderen Expeditionsteilnehmer, einen Raum der Station, so gut es eben ging, zu sterilisieren. Dann nahm er sein Skalpell und begann, assistiert von einem Wetterfrosch, einem Mechaniker und dem Stationschef, sein Abdomen aufzuschneiden. Die nächsten eindreiviertel Stunden sind wahrscheinlich eine der krassesten Leistungen, die ein Mensch je vollbracht hat: Ohne sterile Handschuhe und nur durch einen Spiegel assistiert, der nicht besonders hilfreich war, weil sich am anderen Ende ein Mensch befand, der vor Übelkeit zitterte, musste sich Rogozov durch seinen Bauchinnenraum tasten, nur unterbrochen durch gelegentliches Erbrechen und von zahlreichen Beinahe-Ohnmachtsanfällen bei allen Beteiligten. Die Aufgabe seiner Helfer war, die örtliche Betäubung aufrechtzuerhalten und ihn im Falle einer Bewusstlosigkeit mit Sauerstoff zu versorgen und generell nicht umzukippen. Der Stationschef beschreibt die OP im Buch *History's Narrowest Escapes* von James Moore: «Als Rogozov den Einschnitt gemacht hatte und seine Innereien bewegte, machten seine Eingeweide ein gurgelndes Geräusch, was für uns sehr unangenehm war.»

Nachdem Rogozov den Blinddarm entfernt hatte, verlor er das Bewusstsein. Seine Helfer pumpten seinen Bauch mit Antibiotika voll und nähten ihn wieder zusammen. Zwei Wochen später war er wieder ganz der Alte und ging seiner Dreifachbeschäftigung als Expeditionsarzt, Meteorologe und Fahrer nach. Auf einem Bild ist zu sehen, wie er lachend im Schnee sitzt und einen Pinguin streichelt.[18]

HINTER JEDER STARKEN FRAU

Der Zuckerhut genannte Berg in Rio de Janeiro ist fast 400 Meter hoch. Er galt lange Zeit als unbezwingbar. Die Eigernordwand Südamerikas. Und wie heißt es so schön? «Alle sagten: Das ist nicht zu schaffen. Bis einer kam, der das nicht wusste. Und es schaffte.» In diesem Fall: eine.

Henrietta Carstairs war ein englisches Kindermädchen, das in seiner Freizeit Berge bestieg. Und sie schaffte es als erster Mensch überhaupt, den Zuckerhut zu bezwingen. Oben angekommen, hisste sie die britische Fahne und verewigte sich in den Annalen der Geschichte.

Und wie das so ist, wenn eine Frau erfolgreich in eine Männerdomäne vorstößt, gibt es immer einen, dem das nicht in den Kram passt. Ein Portugiese stieg am nächsten Tag hinauf und tauschte die Fahnen aus.[19]

NEWSTICKER

Nazis bewerfen veganes Café mit Fleisch (Berliner Kurier) +++ **Grandfather «very sorry» after accidentally picking up wrong grandchild at school** (KPLC TV) +++ **Krähe Canuck klaut Messer von Tatort** (20 Minuten) +++ **Watching more pornography can actually make you religious** (India Times) +++ **NRA tells parents to keep guns in kids' rooms for safety** (Think Progress) +++ **Bub (5) findet Crystal Meth in Überraschungsei** (heute.at) +++ **Snorting lines of chocolate is the latest way to get high in Europe's clubs** (Daily Mail) +++ **Police couple fail to report unexploded bomb in their cellar as they did not want to wake the neighbours** (The Telegraph) +++ **Wife rips off her Romanian husband's testicles with her bare hands after he refused to help with the housework on International Women's Day** (Daily Mail)

WILLKOMMEN IN AMERIKA

Wer kennt das nicht? Man hat Langeweile, eine Waffe und drei Pfund Sprengstoff herumliegen. Machen wir was draus. Willkommen in Amerika.

Tannerite ist der Markenname einer frei verkäuflichen Kombination aus Ammoniumnitrat und Aluminiumpulver, mit der Schützen Zielübungen durchführen. Der Sprengstoff ist recht stabil und lässt sich nur durch das Projektil einer Schusswaffe auslösen. Gleichzeitig hat er eine enorme Sprengkraft. Die Polizei rät, bei einer Sprengung mindestens 90 Meter Abstand einzuhalten.

David Pressley war das alles zu spießig. Aus Gründen entschied er sich, drei Pfund Tannerite in seinen Rasenmäher zu packen. Aus gerade mal zwanzig Metern ballerte er dann auf seine Versuchsanordnung. Die ersten paar Schüsse passierte nichts. Also näherte David Pressley sich dem Rasenmäher weiter.

Das wissen wir, weil Freunde von David Pressley das Ganze mit einer Videokamera aufnahmen, wie die *Washington Post* berichtete. Im Video ist zu sehen, wie unser Held aus vollem Rohr auf den Rasenmäher schießt, als der ganze Zirkus mit einem ohrenbetäubenden Knall explodiert. Blut spritzt über die Linse, und Pressley teilt den Zuschauern mit, dass er sein Bein abgesprengt habe. Und so war es auch.

Bei solchen Geschichten frage ich mich immer: Was macht man draus? Erzählt man die Wahrheit, wenn man gefragt wird, wo das Bein geblieben ist? «Witzige Geschichte: Ich habe anderthalb Kilo Sprengstoff in meinen Rasenmäher gepackt und aus viel zu kurzer Distanz dat Dingen in die Luft gejagt, und dabei haben mir umherfliegende Trümmerteile dat Bein abgesäbelt.

Machstenix» lässt einen ja nicht zwingend im besten Licht dastehen. Nicht unbedingt eine Geschichte aus der Reihe *Peinlich, aber später lachen wir drüber.* Unterm Strich bist du einfach nur der Idiot, der sich selbst ein Bein abgesprengt hat. Cool ist anders. Sprich: Denkt man sich da eine völlig neue Geschichte aus? Das sind Informationen, die mir in diesen Berichten immer fehlen. Würde ich ja nicht herumerzählen.

Andererseits ist David Pressley nicht der einzige Schlaumeier, dem das passiert ist. Er war noch nicht mal der erste. Sechs Monate zuvor sprengte sich ein anderer Mann das Bein ab, als er auf Tannerite schoss. Viele Menschen lernen aus den Fehlern anderer. Andere fühlen sich durch sie erst herausgefordert.[20]

DIE KUH, DIE DURCHS DACH FIEL UND DEN BRASILIANER ERSCHLUG

Mein Lieblingsartikel in der Wikipedia heißt «List of Lists of Lists» und ist genau das, was man sich darunter vorstellen würde. Aber lassen wir seine Beschreibung für sich sprechen:

«Dieser Artikel ist eine Liste von Artikeln, die aus einer Liste von Dingen bestehen, die selbst Listen von Dingen sind, wie zum Beispiel die im Folgenden aufgelistete Liste von Listen.»

Listception, also, und ohne jeden Zweifel der beste Wikipedia-Eintrag der Welt. Der Kaninchenbau des Internets. A List in Wonderland. Es ist allerdings ein weites Feld mit vielen Höhen und Tiefen: Es gibt dröge Listen, die genauso langweilig sind, wie sie klingen – die Liste der in Korea herausgegebenen Zeitungen lohnt überhaupt nicht –, es gibt nerdige Einträge wie die Liste von Mittelerde-Einträgen, und verheißungsvolle Listen, wie die Liste von Drachen, Vampiren oder fiktionalen Außerirdischen, alle übrigens unter «Biologie» einsortiert und nicht unter «Fiktion». Großartig. Die spannendste Liste jedoch ist jene von Erfindern, die an oder durch ihre eigene Erfindung starben, was übrigens eine ziemlich akkurate Definition meines Humors ist.

Da gibt es zum Beispiel einen Franz Reichelt, einen Schneider, der beim ersten Testflug seines selbstgenähten Fallschirms, der nichts anderes war als ein Oversize-Mantel, vom Eiffelturm sprang und überraschenderweise wie ein Stein zu Boden fiel. Ähnlich gelagert ist der Fall von Ismail ibn Hammad al-Jawhari, der sich Flügel aus Holz bastelte, von einer Moschee sprang und überraschenderweise wie ein Stein zu Boden fiel.

Tragisch dagegen mutet die Geschichte von William Bullock an, dessen Rotationsdruckmaschine auf seinen Fuß fiel, der kurz darauf zu faulen begann und ihn zu einer Amputation zwang, an der er starb. Es war vermutlich kein Trost, dass sein Nachruf in einer Zeitung erschien, die auf der von ihm erfundenen Maschine gedruckt wurde.

Unglücklich lief es auch für einen gewissen Li Si, chinesischer Premier aus der Quin-Dynastie, der mittels der 5-Schmerzen-Folter exekutiert wurde, die er selbst erfunden hatte. Kannste dir nicht ausdenken, so was, wird er sich gedacht haben, der gute Li Si, während man ihn um seine Nase, Füße, den Pillermann, die Hoden und zuletzt den Kopf erleichterte.

Das Schöne an Wikipedia ist, dass immer eins zum anderen führt, zum Beispiel zur Liste von Todesfällen durch Kokosnüsse, deren Highlight die Geschichte eines Mannes ist, der von einem Affen, den er als Sklaven hielt, um Kokosnüsse zu ernten, aus Protest mit einer Kokosnuss beworfen wurde und starb. Affe unchained, quasi. Auch die Liste der in Zusammenhang mit Toilettenbesuchen stehenden Todesfälle, vor allem jene, die in der viktorianischen Ära aus einem explodierenden WC resultierten, bietet interessante Lektüre. Wenden wir uns jedoch der noch spannenderen, weil eklektischeren Liste der noch ungewöhnlicheren Tode zu.

So brach sich im 16. Jahrhundert Hans Steininger, Bürgermeister von Braunau, das Genick, als er es fertigbrachte, über seinen eigenen anderthalb Meter langen Bart zu stolpern. True story. Basil Brown, Gesundheitsfanatiker, starb 1974 an einer Überdosis Vitamin A, nachdem er 37 Liter Karottensaft getrunken hatte. Mit Globuli wär ihm das nicht passiert. Ganz besonders gern habe ich allerdings die Geschichte des Anwalts Clement Vallandigham, der sich aus Versehen selbst erschoss, als er vor Gericht bei der Verteidigung seines Mandanten demonstrieren wollte, wie sich das mutmaßliche Mordopfer aus Versehen hätte selbst erschossen haben können. Immerhin: Sein Mandant wurde daraufhin tatsächlich freigesprochen.

Manche Todesfälle sind ihr ganz eigenes kleines Universum, in dem schon in der Beschreibung alles gesagt ist, was man wissen und dem nichts hinzugefügt werden muss, weil sich gleich eine ganze Geschichte entfaltet. Nehmen wir den Fall von Jose Ochoa zum Beispiel, der bei einem illegalen Hahnenkampf von einem Hahn erstochen wurde, dem er ein Messer ans Bein gebunden hatte. Oder dem Leiter eines Lawinen-Aufklärungszentrums, der bei einem Lawinenabgang ums Leben kam. Manche Tode hingegen sind geradezu lynchesk. Ich denke dabei an David Phyall, der gegen den Zwangsauszug aus seiner Wohnung protestierte, indem er sich selbst mit einer Kettensäge enthauptete. Wie unser Freund Li Si sagte: Kannste dir nicht ausdenken, so was. Andere Todesfälle lassen jedoch viele Fragen offen. Woher kam beispielsweise die Kuh, die durch das Dach von João Maria de

Souzas Haus fiel und ihn in seinem eigenen Bett erschlug? Misslungener Tandemsprung? Ein Trampolin? Red Bull? Und warum ist das noch kein Buchtitel von Jonas Jonasson? Der *Telegraph* weiß die Antwort:

De Souza lag nichts Böses ahnend mit seiner Frau im Bett ihres Hauses, das an einen Hang gebaut war. Eine Kuh, die von einer benachbarten Farm geflohen war, kletterte auf das Wellblechdach. So eine Kuh wiegt locker über eine Tonne, und so gab das Blechdach unter ihrem Gewicht nach. Die Kuh fiel zweieinhalb Meter und landete auf de Souza, der schwer verletzt ins Krankenhaus gebracht wurde, wo er an einer inneren Blutung starb. Seine Frau und die Kuh blieben unverletzt. De Souzas trauernde Mutter gab gegenüber einem Fernsehsender zu Protokoll: «Ich habe meinen Sohn nicht aufgezogen, damit er dann von einer fallenden Kuh getötet wird.» Geht es uns nicht allen so?[21]

BEST OF:

KÜHE AUF DÄCHERN

Wer nun der Meinung ist, dass es sich bei Kühen auf Dächern um – für beteiligte Brasilianer – bedauernswerte Einzelfälle handelt, wird erstaunt sein, zu lesen, dass dem nicht so ist. So ging es mir zumindest. Nachdem ich das vorherige Kapitel zu Ende geschrieben hatte, schaute ich aus Jux und Tollerei bei Google nach, was denn der Suchbegriff *Kuh auf Dach* ergeben würde. Antwort: so einiges.

In Niederösterreich stellte ein Hausbesitzer fest, dass sein Fernsehempfang gestört war. Bei der Kontrolle seiner Satellitenschüssel entdeckte er eine Kuh auf seinem Garagendach, die die Schüssel verdeckte. Wie sie dorthin gelangt war, konnte weder der Besitzer noch die herbeigerufene Feuerwehr aufklären. Der Elektrozaun war unbeschädigt. Die Kuh kehrte freiwillig auf die Weide zurück.

In der Schweiz staunten die Menschen auch nicht schlecht, als sie eine Kuh auf dem Dach eines Bauernhofes erblickten. Die Kuh sei beim Flanieren auf der dem Steilhang zugewandten Seite des Hauses aufs Dach geklettert. Erste Versuche des Besitzers, sie herunterzulocken, scheiterten. Sie sei für ihren Starrsinn bekannt, so der Besitzer, es gebe öfter Streit mit ihr. Nach einer Weile beschloss die Kuh, dann doch wieder herunterzukommen. Bei diesem Ausflug kamen einige Dachziegeln zu Schaden.

Ein weiteres Mitglied aus der Familie der Wiederkäuer sorgte in der Türkei für Aufsehen. Niemand weiß, wie sie auf das Dach des zweistöckigen Hofgebäudes gelangt ist, aber da war sie, in ihrer ganzen Pracht. Gemütlich spazierte sie in luftiger Höhe über das Dach, um dann zu der Erkenntnis zu gelangen, dass die Luft dort oben auch nicht viel besser war. Geistesgegenwärtig sprang sie nicht aus dem zweiten Stock herunter, sondern nahm den Umweg über einen kleineren Anbau. Mit einem Satz sprang sie, krachte durch das Wellblech des Anbaus, landete auf allen vieren und kehrte unbeeindruckt auf ihre Weide zurück.

Einen triftigen Grund, auf dem Dach zu sein, hatten eine Kuh und ein Rind in Karachi, Pakistan. Dorthin hatte der Besitzer sie verfrachtet, weil ihm das entsprechende Weideland fehlte. Zum Zeitpunkt des Kaufs waren sie noch so klein gewesen, dass sie das Treppenhaus hatten nehmen können. Als er sie, vier Jahre später, wieder verkaufen wollte, stellte er fest, dass die Tiere zu groß geworden waren, um auf demselben Weg zurückzugelangen. Ein Kran musste her. Unter den Blicken zahlreicher Schaulustiger kehrten die Tiere wieder auf den Boden der Tatsachen zurück.

Ganz allein aus dem Kontext ergibt sich der Ausflug auf das Dach unserer nächsten Beispielkuh. Auf einer Luftaufnahme ist nach einer Überschwemmung in Ipswich, Australien, eine Kuh zu sehen, die sich auf das Dach ihres Hofs zurückgezogen hat, um erst mal abzuwarten, was als Nächstes passiert.

Den Schreck ihres Lebens hingegen bekam eine Familie in der Pfalz, als es eines Tages laut knallte. Als sie sich auf die Suche nach der Ursache machten, entdeckten sie hinter dem Haus eine Kuh, die aufs Dach ihres Wohnhauses geknallt war. Offenbar hatte die Kuh sich von ihrer Herde entfernt und war von einem Felsvorsprung auf das Dach gefallen. Das Dach wurde beschädigt, die Kuh verletzte sich nur leicht.

Und auch in Forst in Bayern fand eine Kuh ihren Weg auf das Dach eines Hauses. Eine Nachbarin fotografierte die Kuh, die auf dem Dach des angrenzenden Vereinsheims herumspazierte, als wäre es das Normalste der Welt. Wahrscheinlich war sie durch die Hanglage und aus Langeweile aufs Dach gelangt. Die Nachbarin berichtet, dass das aufgeregte Muhen der anderen Kühe sie auf die Ausreißerin aufmerksam gemacht hätte. Die Reaktion der anderen Kühe zeigt: Kühe auf Dächern sind nicht einmalig, aber auch nicht alltäglich. Ich bleibe an der Sache dran.[22]

DER MANN, DER KÜHE FRISIERT

Apropos Kühe: Warum in die Ferne schweifen, wenn das Gute so nah liegt? Statistisch gesehen findet der meiste Wahnsinn in den Vereinigten Staaten von Amerika statt, zumindest in diesem Buch, und in meinem Blog *Unglaubliche Geschichten.de* sowieso. Hin und wieder, wie auch eingangs bewiesen, entdeckt man aber auch in heimischen Gefilden ein journalistisches Kleinod, das das Herz des Realsatireforschers hüpfen lässt. Wie zum Beispiel jene Story über Jürgen Krämer, den Kuhfriseur, die ich in der *Mittelbayerischen Zeitung* fand.

Ja, richtig gelesen, Kuhfriseur, weil Kühe ja bekanntlich die Pudel unter den Paarhufern sind. Und das ist gar nicht mal so weit hergeholt: Die Kühe werden für Schönheitswettbewerbe vorbereitet. Wer wie ich jetzt denkt: «Wat? Kuh ist Kuh, Himmel noch eins», der irrt sich aber gewaltig. Auch bei der Kuh steckt der Teufel im Detail wie beim Berlin-Mitte-Hipster im Undercut, weiß Jürgen Krämer und erzählt es der Zeitung, während er sich langsam vor- und an der Kuh abarbeitet, «von unten nach oben, von rechts nach links. Seitlich am Bauch lässt er etwas Fell stehen.» Warum? «Das mache ich, damit die Kuh mehr Breite zeigen kann.» Sein Ziel: «Die Stärken des Tieres hervorheben und seine Schwächen vertuschen.»

Jürgen Krämer, das liest man aus dem Artikel in der *Mittelbayerischen Zeitung* heraus, ist mit Leidenschaft bei der Arbeit. So heißt es im Beitrag: «‹Es macht großen Spaß, das Optimale aus den Tieren rauszuholen›, sagt Krämer und macht sich an das Euter.» Solche Sätze stehen überall in diesem Artikel, das ist pulitzerpreisverdächtig, und so völlig unvorbereitet prustet man dann morgens angesichts solcher Lektüre seinen Kaffee über die Tastatur. Warum wird eigentlich das Euter rasiert? «Ein Sieger-Euter braucht sichtbare Adern.» Knaller. Wie geht's eigentlich der Kuh damit? «Kuh Elaine, gerade mal zwei Jahre jung, lässt das Styling relativ entspannt über sich ergehen.» Beruhigend. Dabei geht es um einiges: Jürgen Krämer bereitet die Kandidatinnen darauf vor, vielleicht die neue Schönheitskönigin zu werden, denn das ist das Ziel – Miss Bitburg werden. Allerdings: «Das A und O sei, dass man nicht merke, wo der Tierfriseur optisch nachgeholfen habe, fügt Kuhfriseur Krämer hinzu.» Wie im echten Leben halt, und wie im echten Leben gilt auch in der Welt der Kuhfriseure: «Gutes Aussehen beim Schaulaufen sei aber nicht alles. Auch bei Kühen sind innere Werte gefragt.»

Weltweit gibt es übrigens gerade mal ein Dutzend hauptberuflicher Kuhfriseure. Jürgen Krämer gehört nicht dazu. Er ist in erster Linie Landwirt. Die sichtbaren Adern an den Eutern der Kühe, die sind seine Leidenschaft.[23]

RAMBO

Von Rambo, dem Alligator, las ich erstmals, als diese wunderschöne Schlagzeile der *New York Daily News* in meinem Feedreader landete: «Florida woman fighting to keep fully trained pet alligator Rambo after state says he's too big: ‹He's not a normal gator.›» Eine Meldung, die alles in sich hat, was ich an meinem Hobby liebe: Irgendwas mit einem wilden Tier, lustigem Namen und faszinierendem Schicksal, der Kampf Mensch gegen Staat, und dann spielt die Geschichte auch noch in Florida.

Florida, das muss man wissen, ist der Welthauptstaat der kuriosen Schlagzeilen und unglaublichen Geschichten, und dieser Umstand wird seit 2013 mit einem eigenen Mem geehrt: der «Florida Man». Dieses Mem rührt daher, dass findige Internetsurfer irgendwann entdeckten, dass sehr, sehr, SEHR viele krasse Schlagzeilen mit «Florida Man tat dies» oder «Florida Woman tat jenes» begannen. Populär machte das Mem der Twitter-Account @_FloridaMan, und man findet bis heute sehr viele dieser Schlagzeilen im Subreddit /r/floridaman, einem Unterforum der Plattform Reddit, die Florida-Man- und -Woman-Geschichten sammelt.

Der Florida Man bescherte uns neben einigen Beispielen in diesem Buch wundervolle Schlagzeilen wie *Florida Man Appears to Vape His Friend's Ejaculate* (Gawker), *Drunk, Machete-Wielding Florida Man Chases Neighbor on Lawnmower* (Palm Beach Coast) oder *Florida Man's Church Loses Tax-Exempt Status Because It's Just a Nightclub* (VICE).

Oder eben eingangs erwähnte Florida Woman, die in diesem Fall keine Dummheit begeht, also keine Dummheit nach Florida-Man-Maßstäben, sondern «nur» einen Alligator namens Rambo als Haustier hält und für seinen Verbleib kämpft. Mary Thorn adoptierte Rambo und seine Geschwister vor 11 Jahren. Zu dem Zeitpunkt hatten die Alligatoren in einem engen, dunklen Wassertank gelebt. Mary Thorn rettete sie und nahm sie mit auf ihr kleines Anwesen.

Doch die Zeit in Gefangenschaft forderte ihren Tribut: Mary Thorn versuchte, die Tiere artgerecht zu halten. Aber die Alligatoren vertrugen das Sonnenlicht nicht. Einer nach dem anderen gingen die Tiere ein, bis nur noch Rambo da war. Seitdem darf Rambo in der Wohnung leben. Und wenn sie doch mal das Haus verlassen, zieht Mary Thorn dem Alligator selbstgeschneiderte Kleidung über, um ihn vor der Sonne zu schützen.

Rambo ist stubenrein. Er führt einen kleinen Tanz auf, wenn er sein Geschäft verrichten muss. Er hat gelernt, niemanden zu beißen oder mit seinem Schwanz zu erschlagen. Er versteht sogar einfache Zeichensprache. Und wenn sein Frauchen zu lange unterwegs ist, wartet er mit den Hunden sehnsuchtsvoll an der Tür.

Doch dann passierte etwas, mit dem niemand mehr gerechnet hatte: Mit 15 Jahren bekam Rambo noch mal einen Wachstumsschub – und erreichte eine Länge, die es Mary Thorn de jure verbot, ihn länger auf ihrem Grundstück zu halten. Da ein Anbau nicht in Frage kam, veranlassten die Behörden, dass sie Rambo weggeben musste.

Kurze Zeit später dann die gute Nachricht: Mary Thorn darf Rambo behalten, unter der Voraussetzung, dass sie ihn nicht mehr zu Lehrzwecken an Schulen einsetzt. Ich denke, damit kann sie leben.[24]

«FUCK THAT ALLIGATOR»

Nirgendwo wird die Freiheit des Individuums so sehr verteidigt wie in den USA. Nirgendwo sterben Menschen auf so individuelle Art und Weise wie in den USA. Ich bin kein Statistiker, aber ich sehe da einen Zusammenhang. Immerhin sind die USA die Nation, in der 2015 mehr Bürger von Kleinkindern getötet wurden als von islamischen Terroristen. Schlagzeilen machte in dem Zusammenhang vor allem die Geschichte der Waffenaktivistin aus Florida, die von ihrem vierjährigen Sohn beim Autofahren in den Rücken geschossen wurde. Erst am Vortag hatte sie noch in Facebook gepostet: «Jeder hier bei uns weiß, wie man schießt.» Tja.

Aber das ist auch nur Symptom eines viel größeren Dilemmas: In den USA weiß man nie so recht, wo die eigenen Grenzen anfangen und die persönliche Freiheit endet. Im Zweifel stirbt man für diese Freiheit, gemäß dem Leitspruch des Staates Nebraska: «Live free or die», zu Deutsch: Lebe frei oder stirb.

Diese Einstellung lebte ein Mann in Texas allzu wörtlich aus. Aber der Reihe nach. Am 2. Juli 2015 berichtete *Texas Monthly*, dass der Staat seit 179 Jahren keinen tödlichen Alligatorangriff mehr erlebt hatte. Das letzte Opfer war ein gewisser Mr. King im Jahre 1836 gewesen, den ein Tier erwischt hatte, als er samt seiner Pferde durch einen sumpfigen Flussarm watete. Seitdem, so das Blatt, hatte zwar kein Friede geherrscht, aber glimpflich waren sie ausgegangen, die meisten Angriffe.

Zwei Wochen nach Erscheinen des Artikels, der dieses Jubiläum feierte, besuchte ein Mann namens Tommie Woodward Burkarts Jachthafen, der an einem dieser sumpfigen Flussarme liegt, die auch unserem Freund Mr. King zum Verhängnis wurden. Tommie Woodward wird von Freunden als ein begeisterter Biertrinker beschrieben, der das Angeln, Schwimmen, Campen, überhaupt Outdoor-Aktivitäten liebte, ein fleißiger Arbeiter, der Menschen bereitwillig sein letztes Hemd gab. Kurz: wie man sich eben den typischen amerikanischen Redneck vorstellt, der entgegen allen Warnungen und mit den Worten, der Alligator möge sich bitte ficken, in einen sumpfigen Flussarm steigt, in dem ein Alligator sein Unwesen treibt.

Denn genau das tat Tommie Woodward an jenem verhängnisvollen Tag. Zeugen berichten, dass er ein Schild ignorierte, das man aufgestellt hatte, nachdem Mitarbeiter der Marina einen «verdammt großen» Alligator gesichtet hatten. Auch die Warnhinweise seiner Begleiterin, es könne gefährlich sein, missachtete er. Später würde eine Bekannte über ihn erzählen, dass er ein lustiger Mensch war, der die Menschen zum Lachen brachte. Im Leben wie im Tod, versäumte sie allerdings hinzuzufügen. «Fuck that Alligator», sagte Tommie Woodward mit bewundernswerter Chuzpe und sprang ins Wasser. Der Alligator erlaubte sich, anderer Meinung zu sein. Tommie lebte frei und starb. Er hätte sich an die Worte des Friedensnobelpreisträgers Cordell Hull halten sollen, der einst sagte: «Beleidige einen Alligator erst, wenn du auf der anderen Seite des Flusses angekommen bist.» Hört, hört.[25]

DER HUND, DER BÜRGERMEISTER WAR

Tierische Beamte sind ein beliebtes komödiantisches Narrativ in Filmen und Serien. Ob in *Mein Partner mit der kalten Schnauze* oder *Kommissar Rex*, wenn es an einer Sache nicht mangelt auf Leinwänden, dann an überqualifizierten Hunden in außergewöhnlicher Funktion. Auch Superhelden-Hunde sind nichts Außergewöhnliches – zumindest im Reich der Fiktion. Aber ein Hund, der Bürgermeister ist?

Ich konnte es selber nicht glauben und suchte sehr lang nach einem Beleg dafür, dass diese Geschichte nicht bloß ein, wenn auch schöner, Hoax ist. Weder die Tatsache, dass der Hund eine Facebook-Seite hat, noch ein Artikel in der *Daily Mail* konnten mich so recht überzeugen. Aber die Geschichte von Duke, dem Bürgermeister-Hund von Cormorant, ist tatsächlich wahr. Und nein, wenn ich Bürgermeister-Hund sage, meine ich nicht den Hund des Bürgermeisters. Der Hund *ist* der Bürgermeister.

Cormorant ist ein kleiner Ort in Minnesota. Knapp tausend Einwohner hat das Städtchen, das 18 Seen auf seinem Stadtgebiet zählt und dessen Motto «Wo Freunde zusammenkommen» lautet. Es gibt keine berühmten Töchter oder Söhne der Stadt, und unter Trivia führt die Wikipedia einzig und allein Duke, den Bürgermeister-Hund, auf.

2014 brachte ihn die Mehrheit der Wähler einstimmig ins Amt und machte ihn damit zum Nachfolger des glücklosen Richard Sherbrook. Mr. Sherbrook zeigte sich als fairer Verlierer: «Ich bin überzeugt, dass er einen guten Job machen wird.» Und tatsächlich waren es überhaupt erst seine bisherigen Leistungen gewesen, die Duke, dem Hund, die Nominierung einbrachten. Die Einwohner des Städtchens erzählen, dass Duke dafür bekannt sei, regelmäßig nach dem Rechten zu sehen. Angeblich sorge er sogar dafür, dass Autofahrer sich an die Geschwindigkeitsbegrenzung halten, berichteten Medien wie CBS, ABC oder *The Independent.* Zum Glück hat das Amt des Bürgermeisters in Cormorant nur eine zeremonielle Funktion, man will nicht wissen, welche Folge Dukes Walten für die örtliche Katzenpopulation hätte haben können.

Apropos Katzen: Dukes Wahlsieg ist ungewöhnlich – aber nicht so selten, wie man vermuten würde. In Alaska hatte eine Katze namens Stubbs, bis sie 2017 starb, 20 Jahre lang das Amt des Bürgermeisters von Talkeetna inne. Und Bosco, der Bürgermeister-Hund von Sunol, wurde sogar im fernen China zu einer Berühmtheit, wo man ihn als Beweis für das Scheitern der Demokratie hielt. Als Reaktion auf diesen Angriff und die Ereignisse am Platz des Himmlischen Friedens nahmen chinesische Studenten Bosco zu einer Pro-Demokratie-Mahnwache vor dem chinesischen Konsulat mit, wo er am friedlichen Protest teilnahm. Noch heute beweist eine Statue in seiner Heimatstadt, dass ein zeremonieller, tierischer Bürgermeister mehr erreichen kann als so manch gestandener Politiker.

Zumindest mehr Vertrauen als in gestandene Politiker hatte man auch in die Katze Barsik. 91 Prozent der Wahlberechtigten machten den Kater zum Bürgermeister der sibirischen Stadt Barnaul. Der Kater war der einzige Kandidat, von dem die Einwohner überzeugt waren, dass er nicht korrupt war.[26]

EIN PAPAGEI IM ZEUGEN-SCHUTZPROGRAMM

Mann stirbt an Schussverletzung. Seine Frau überlebt schwer verwundet. Polizei geht zunächst von erweitertem Suizid aus – bis die Familie des Mannes einen potenziellen Zeugen präsentiert: Bud, den Papagei.

Bud ist ein afrikanischer Graupapagei. Diese Gattung ist sehr klug und dafür bekannt, in ihrer Nachahmung menschlicher Stimmen zwischen Männlein und Weiblein zu unterscheiden. Nach dem Mord wiederholte Bud mit der Stimme des Mordopfers immer wieder die gleichen Worte: «Don't fucking shoot! Don't fucking shoot!» Darüber hinaus, berichten Medien wie *The Independent*, ist auf einem Video zu sehen, wie er zwischen angeregten männlichen und weiblichen Stimmen wechselt, als würde er einen Streit nachahmen.

Die Eltern von Martin Duram brachten die Polizei dazu, die Tonaufnahmen von Bud in ihre Ermittlungen aufzunehmen. Sie waren überzeugt, dass Bud anwesend war, als ihr Sohn starb. Einiges deutete darauf hin, dass der Tat ein Streit vorausging. Und tatsächlich wurde die Frau aufgrund der «Zeugenaussage» des Papageis wegen Mordes an ihrem Mann rechtskräftig verurteilt.

Buds Fall ist bemerkenswert, aber nicht außergewöhnlich. Papageien, die etwas gesehen oder gehört haben, was sie nicht sehen oder hören sollten, sind sogar eine beliebte Trope in Filmen und Büchern. Und auch im echten Leben kam es immer wieder vor, dass Papageien in Verbrechen involviert waren. So berichtet die Seite *Atlas Obscura* von Echo, einem Papagei, der einem Unterweltboss in New Orleans gehört haben soll. Echo wurde mutmaßlich Zeuge eines Verbrechens und hörte danach nicht mehr auf, darüber zu reden. Seitdem lebt er in einer Art Zeugenschutzprogramm. Seine Pflegemutter erzählt, dass sie nachts manchmal wach wurde, weil der Papagei das Weinen und schmerzvolle Stöhnen eines Kindes nachahmte, dann ein Geräusch machte, das einem Schlag gleichkam, gefolgt von einem manischen Lachen.

Auch andere Tiere wurden schon als Zeugen vor Gericht geladen. Ein französisches Schwein wurde 1386 sogar des Mordes angeklagt und hingerichtet. Glimpflicher ging es für Lorenzo, einen kolumbianischen Papagei, aus. Lorenzo gehörte einem Drogenkartell, das ihm beibrachte, «Lauft! Lauft!» zu schreien, wenn er Polizisten erblickte. Lorenzo wurde verhaftet, aber nicht angeklagt. Und eine wichtige Rolle bei einem Fahndungserfolg der Polizei in Texas spielte eine Gruppe Kühe. Nach einem Unfall bei einer Verfolgungsjagd mit der Polizei versteckte sich der flüchtige Täter in einem Feld. Die Gesetzeshüter fanden ihn schon bald: Die Kühe hatten ihn verraten. Sie hatten unentwegt auf die Stelle gestarrt, an der sich der Flüchtige im Feld versteckt hielt.[27]

FAHRERFLUCHT MIT AFFE

Es sind die kleinen Dinge im Leben, die Freude bereiten. Wenn sie da sind, muss man sie gut festhalten und genießen. Das dachten sich wohl auch Beamte der Polizei in Burien im US-Bundesstaat Washington, als sie ihren Polizeibericht anfertigten. Schließlich ging es diesmal nicht um einen 08/15-Ladendiebstahl oder Verkehrsunfall. Nein, gesucht wurde laut *The Seattle Times* ein Mann mit einem Affen auf der Schulter.

Alles begann damit, dass ein Sheriff einen Honda bei Tempo 180 km/h blitzte. Der Polizist nahm die Verfolgung auf, war aber nicht in der Lage, den Raser einzuholen. Kurz darauf erreichte ein Notruf die Polizei. Es habe einen Unfall mit einem Honda gegeben. Das Fahrzeug sei in einen Felsen in einem Vorgarten gerast. Der Fahrer habe sich darauf vom Fahrzeug entfernt. Auf seiner Schulter: ein Affe.

Genauer gesagt: eine Marmosette aus der Familie der Krallenaffen. In vielen Staaten der USA ist der Besitz von exotischen Primaten verboten, nicht so in Washington. Dennoch dauerte die Fahndung nach dem flüchtigen Fahrer nicht lange. «So viele Leute, die mit Affen auf der Schulter herumlaufen, gibt es nicht», gab Police Captain Brian Howard zu Protokoll.

Mann und Affe wurden aufgrund der Fahrerflucht verhaftet. Auf dem Revier zeigte der Affe dann aber keinerlei Kooperationsbereitschaft, sodass die Mutter des Fahrers angewiesen wurde, den kleinen Delinquenten abzuholen. «Sobald wir festgestellt hatten, dass der Affe zum Unfallzeitpunkt nicht am Steuer gesessen hatte, entließen wir ihn in die Obhut seiner Familie, weil er ja nur in ‹Monkey Business› [engl. für: Blödsinn, Unfug] involviert war», erzählt die Polizei von Burien auf ihrer Facebook-Seite. Und das ist auch in den USA nicht strafbar, aber hervorragendes Material für ein wenig Spaß im Polizeibericht.[28]

DER TOY-PUDEL, DER EIN FRETTCHEN WAR

Toy-Pudel sind sehr teure Tiere. Bei einem zertifizierten Züchter kann man locker Beträge im vierstelligen Bereich für ein Exemplar hinblättern. Durchaus verständlich, sind Pudel doch lebendige Teddybären und äußerst schlaue Tiere.

Aber nicht jeder kann oder möchte gar so viel Geld zahlen. Aus diesem Grund blüht der illegale Handel mit Toy-Pudeln auf dem größten Markt Argentiniens, La Salada. Ein Rentner machte sich auf, dort einen Toy-Pudel zu erwerben. Begeistert ob des niedrigen Preises schlug er zu.

Doch auf dem Rückweg kamen ihm Zweifel. Seit Jahren gibt es in Argentinien die urbane Legende der «Brasilianischen Ratten». Eine «Brasilianische Ratte» ist ein Nagetier, das zu einem Hund umfrisiert und leichtgläubigen Menschen als Haustier verkauft wird.

Ein Tierarzt bestätigte den Verdacht des Rentners. Der vermeintliche Toy-Pudel war eigentlich ein Frettchen, das man ab seiner Geburt mit Steroiden aufgepumpt hatte. Der Rentner war nicht der Einzige. Eine andere Frau hatte einen Chihuahua erworben, der sich ebenfalls als Frettchen herausstellte.

Die «Brasilianische Ratte» war keine Verschwörungstheorie, sondern Realität. So wie es Menschen gibt, die Backpulver als Koks verkaufen oder Oregano als Gras, gibt es eben Händler, die aufgepumpte Frettchen als Toy-Pudel verticken. Eine gute Idee ist das nicht. Während Frettchen eigentlich ganz angenehme Hausgenossen sind, wurde 2015 ein Fall bekannt, in dem zwei Frettchen einem Baby die Nase abbissen. Und jetzt muss man sich nur mal vorstellen, wozu ein Frettchen fähig ist, das sein Leben lang Anabolika geschluckt hat.

Mehr Pech hatte allerdings ein Farmer in China, der einem Mann zwei hübsche Welpen abkaufte, die mal gute Wachhunde sein würden. Doch mit der Zeit keimte im Farmer der Verdacht, dass er vielleicht doch keine Hundewelpen erworben hatte. Die wurden nämlich immer größer. Und größer. Und größer. Und jagten und fraßen seine Hühner. Eines Tages besuchte er einen Wildpark. Als er in ein Gehege blickte, bekam er den Schock seines Lebens. Die Asiatischen Schwarzbären sahen genauso aus wie seine Hunde!

Die Behörden kamen zum selben Schluss. Was ihm als Hund angedient worden war, war in Wirklichkeit ein Schwarzbär. Der Farmer spendete seine «Hunde» dem Wildpark, unter der Bedingung, dass die beiden zusammenbleiben dürften. Ende gut, alles gut.[29]

UNTENRUM FREI

2011 habe ich in einer Buchhandlung in Johannesburg, Südafrika, eine Vintage-Ausgabe von *Winnie The Pooh* erworben, von der ich immer noch hoffe, dass sie irgendwann meine Rente via eBay aufbessern wird. Zumindest in der polnischen Stadt Tuszyn dürfte ich bereits jetzt horrende Schwarzmarkt-Einkünfte erzielen. Denn die Stadt verwies den Honig liebenden Bären 2014 der Stadt, der seitdem eine – 'tschuldigung – *Bärsona* non grata ist.

Na ja, fast. Zumindest auf einem Kinderspielplatz der Stadt ist er nicht erwünscht. Pu der Bär, wie er im Deutschen heißt, war als Maskottchen für ebendiesen Kinderspielplatz vorgeschlagen worden. Eine recht logische Wahl, ist der Bär doch sowohl als Erzählung wie auch als Zeichentrickfigur seit vielen Jahrzehnten verlässlicher Held vieler Kinder gewesen. Und während Pu offensichtlich nicht ganz helle ist, so war er mir bislang nicht als Sexualstraftäter aufgefallen.

Das sahen die noblen Menschen der Stadt Tuszyn allerdings anders. Sie schoben Pu dem Bären als Maskottchen für einen Kinderspielplatz einen Riegel vor.

«Das Problem an diesem Bären ist», so ein Abgeordneter der Stadt, «dass er keine vollständige Garderobe hat. Der Bär ist halbnackt, und das ist völlig unangemessen im Beisein von Kindern.»

Nun würde ich den Verantwortlichen der polnischen Stadt grundsätzlich beipflichten. Im Beisein von Kindern sollten Erwachsene idealerweise eine Hose tragen. Aber Pu der Bär ist nachweislich auf dem Entwicklungsstand eines Zweijährigen, und wenn ich eins gelernt habe, ist es, dass viele Eltern ihre Zweijährigen in entsprechender Umgebung ohne Hose herumlaufen lassen. Pu der Bär wäre also theoretisch in bester Gesellschaft gewesen. Zumal er ohne sichtbare Geschlechtsorgane kaum eine nennenswerte Erregung öffentlichen Ärgernisses darstellt.

Ach ja, das war auch ein Problem: Pu der Bär hat keine Geschlechtsorgane. Ja, es ist problematisch, dass er untenrum frei herumläuft, und es ist problematisch, dass er untenrum frei herumläuft. Ein weiterer Abgeordneter stellte fest, dass der Bär wahrscheinlich deshalb keine Hose trägt, weil er geschlechtslos sei, also ein «Hermaphrodit».

Womit auch klar ist, dass das Problem weniger bei Pus Freikörperkultur lag als vielmehr bei der völligen Ahnungslosigkeit der polnischen Stadtoberen, die ganz offensichtlich den Unterschied zwischen Zweigeschlechtlichkeit und Geschlechtslosigkeit nicht kennen. Die hegten darüber hinaus übrigens einen fürchterlichen Verdacht: Auf Aufnahmen, die der Zeitung *Croatia Times* vorlagen, ist zu hören, wie die Abgeordneten darüber spekulierten, ob Autor A. A. Milne dem Bären mit einem Rasiermesser das Geschlechtsteil entfernt hatte. WEIL SO JA ZEICHENTRICKFIGUREN ENTSTEHEN, FOR FUCK'S SAKE. Entschuldigung.

Und so, liebe Kinder, bekam Pu der Bär Spielplatzverbot. Die Moral der Geschichte: Guckt, ob ihr Hosen anhabt, bevor ihr das Haus verlasst.[30]

DIE SCHILDKRÖTE, DIE NICHT ESSEN WOLLTE

Margaret Parker, eine Rentnerin aus Cant Crescent im Vereinigten Königreich, ist ein guter Mensch. Als sie eines Tages in ihrem Garten eine einsame Schildkröte fand, war sofort klar, dass sie ihr helfen würde. Das arme Tier hockte verschreckt unter einem Farn und war völlig verwettert und verdreckt.

Ihre Tochter machte sich schnell auf den Weg. Sie besorgte ein Salatblatt und Tomaten, um das kleine Tier wieder aufzupeppeln. Zu Hause angekommen, setzten sie die Schildkröte gemeinsam mit Salat und Tomate in einen Karton. Doch die Schildkröte wollte und wollte nicht essen. Nun waren sie mit ihrem Latein am Ende. Exotische Tiere findet man ja nicht alle Tage im Garten.

Besorgt kontaktierten sie den Tierschutz, weil sie Angst hatten, dass die Schildkröte verstorben war. Doch als die Dame vom Tierschutz eintraf, konnte sie die Parkers beruhigen. Nein, die Schildkröte war nicht tot. Sie hatte nie gelebt.

Unter dem Dreck entdeckte die Dame vom Tierschutz nämlich kaum leserlich den Schriftzug *Made in China* sowie ein CE-Kennzeichen. Die Schildkröte war aus Ton. Das erklärte ihre ausbleibende Reaktion auf das vorgesetzte Essen. Allerdings hatte die Schildkröte so viel Patina und Moos angesetzt, dass sie tatsächlich lebensecht aussah. Frau Parker durchlebte ein Gefühlsspektrum von Schock über Erleichterung bis hin zur leichten Scham. Doch der Tierschutz beruhigte sie: Margaret Parker hatte das Richtige gemacht. Wie es im Englischen heißt: *Better safe than sorry* – auch wenn es um Schildkröten aus Ton geht.[31]

RETTE MICH, WER KANN

In Frisco, Texas, gibt es eine Tierschutzorganisation, die Pferde vor Misshandlungen und unnötigen Schlachtungen rettet. Auch Esel werden aufgenommen.

Um eine Gruppe ebenjener Esel zu retten, suchten Mitglieder der Organisation einen Schlachthof in Frisco auf. Doch bevor sie die Esel verladen konnten, passierte etwas, das alle Anwesenden berührte. Bubbles, ein sehr, sehr altes Pferd, das für eine baldige Schlachtung vorgesehen war, sah seine letzte Chance zur Flucht gekommen. Ungeachtet der Rufe seiner Besitzer trabte es zum Trailer und stellte sich in die Schlange der zu rettenden Esel, ganz so, als versuchte es, nicht weiter als Pferd aufzufallen.

Die Mitglieder der Organisation wussten sofort, dass sie es nicht zurücklassen konnten. Bubbles wollte offenbar noch nicht sterben. Sie kratzten alles, was sie noch an Spendengeldern dabeihatten, zusammen und kauften Bubbles frei. Gemeinsam mit den Eseln fuhr er in sein neues Zuhause, einen Gnadenhof. Bubbles' Geschichte berührte weltweit so viele Menschen, dass die Organisation mit den Spenden noch zwei weitere Pferde retten konnte.[32]

BEST OF:

MENSCHEN, DIE TIERE SCHMEISSEN

Menschen, die Tiere schmeißen, ist ein ganz eigenes, bizarres Genre unter den Nachrichtenmeldungen. Und wir sprechen hier nicht von den handelsüblichen Volldeppen, die eine Katze aus dem Fenster werfen, um zu sehen, ob sie wirklich auf allen vieren landet. Auch nicht von den etwas kreativeren Volldeppen, die auf der Suche nach dem Perpetuum mobile einer Katze ein Marmeladentoast auf den Rücken binden, bevor sie sie aus dem Fenster schmeißen. Nein, es geht um Menschen, die aus den unterschiedlichsten Gründen mit den unterschiedlichsten Tieren um sich schmeißen.

Zum Beispiel der treue Fan der Detroit Red Wings, der seiner Mannschaft helfen wollte, indem er einen Tintenfisch aufs Eis warf. Interessanterweise kein Einzelfall: Diese Tradition geht bis ins Jahr 1952 zurück und hatte ihren Höhepunkt im Jahr 1995, als in einem Spiel insgesamt 36 Tintenfische auf die Eisfläche geworfen wurden, darunter ein Kavenzmann von 17 Kilogramm. Hintergrund des Rituals sind die acht Arme des Tintenfischs, die der Anzahl der Spiele entsprechen, die für den Gewinn des Pokals benötigt wurden.

Ein ganz anderes, euphemistisch betrachtet altruistisches Motiv hatte ein Mann im Osten Russlands. Ein Video zeigt, wie er einen Hund in Richtung eines Eisbären wirft, um diesen davon abzuhalten, eine Frau umzubringen. Die Frau entkam weitestgehend unbeschadet. Der Hund flüchtete unter einen Container. Tierschützer legten Berichten zufolge Wert auf die

Feststellung, dass man nicht mit Hunden auf Eisbären zu werfen habe.

Statt einen Hund zu werfen, rettete der Startup-Investor Kevin Rose seinen Hund, indem er einen Waschbären warf. Rose war nachts aufgewacht, weil er seinen Hund jaulen hörte. Das Video der Überwachungskamera zeigt, wie Rose zu Hilfe eilt, den Waschbären packt und ihn wegschleudert. Der Waschbär war für einen Kommentar nicht zu erreichen.

Ebenfalls unbekannt ist die Motivation einer Frau in Palm Beach, die ihren Freund mit einem Tintenfisch bewarf. Vielleicht hatte sie zum Oktopus gegriffen, weil die Stühle angekettet waren, mit denen sie ihn erst hatte schlagen wollen. Die Frau kam in Gewahrsam.

Was tut man, wenn ein Sushi-Restaurant einem nicht erlaubt, den Gästen eine kleine Schlange zu zeigen? Richtig: Man isst in aller Ruhe zu Ende, geht nach Hause und holt seine 4 Meter lange Python und schmeißt sie ins Restaurant. Das tat ein Mann in L. A. zum großen Missfallen aller Beteiligten. Trotz mehrmaliger Bitten zeigte er kein Interesse daran, die Schlange wieder einzusammeln. Die Polizei vermerkte den Vorfall als «Auseinandersetzung mit Schlangenbezug».

Gravierendere Folgen hatte ein ganz ähnlich gelagerter Fall in einem Fastfood-Restaurant, als ein gewisser Joshua James seinen Alligator durch das Fenster des Drive-in-Schalters warf. Er bekam eine Anzeige wegen eines «Angriffs mit einer tödlichen Waffe». Seine Eltern teilten den Medien mit, es sei alles nur ein Scherz gewesen, der etwas aus dem Ruder gelaufen sei. So kann man es natürlich auch ausdrücken.[33]

DIE DREI BRITEN, DIE PARTY MACHEN WOLLTEN UND IN SYRIEN LANDETEN

Wer hat das noch nicht erlebt – eine Partynacht, die ganz anders endet als geplant und Fragen offenlässt: Wie bin ich hier gelandet? Was ist nach dem dritten Bier passiert? Warum habe ich keine Hose an? Wer bin ich und, wenn ja, wie viele? Ganze Filme sind über solche Abende gemacht worden, und in manchen Fällen – wie im Falle von *Hangover* – sogar dreimal derselbe Film.

Filmreif endete die Partynacht dreier junger Briten in Zypern. Nach einer ausgedehnten Eskalation in Avia Napa schlossen die letzten Clubs um 7.30 Uhr morgens. Keine Zeit, um ins Bett zu gehen, dachte das Trio. Stattdessen machten sie durch und beschlossen, direkt um 9 Uhr eine Delphin-Tour zu machen. Sprach's, und sie bestiegen das Boot.

Nach einer knappen Stunde auf offener See und einem Zypern, das immer weiter am Horizont verschwand, dräute ihnen, dass etwas im Argen lag. Und so war es auch: Die drei hatten in ihren Bermudashorts und mit ihren nackten Oberkörpern versehentlich ein Boot bestiegen, das sie in eine russische Militärbasis nach Syrien brachte.

Der dortige Dolmetscher bekam sich vor Lachen kaum wieder ein. Die Soldaten machten Bilder von den Kerlen, dann durften sie auf ein Boot, das sie nach Zypern zurückbrachte. Ob sie während der Überfahrt Delphine zu Gesicht bekamen, ist nicht überliefert.[34]

WENN MAN DEN KOLLEGEN NICHT MEHR RIECHEN KANN

Projekt Aristotle war ein Projekt von Google, um die magische Formel erfolgreicher Teams zu erforschen. Auf der Suche nach der perfekten Teamaufstellung und den Eigenschaften und Persönlichkeiten, die herausragende Gruppen ausmachen, interviewte Google über mehrere Jahre Hunderte Angestellte und analysierte die Daten von zahlreichen Teams im Unternehmen, berichtet die Publikation *Quartz*.

Das Ergebnis der Forschungsarbeit: «Die besten Teams respektieren die Gefühle der einzelnen Mitglieder und achten drauf, dass alle gleichberechtigt Anteil haben an der Arbeit. Es hat weniger damit zu tun, wer Mitglied im Team ist, und mehr damit, wie das Team interagiert», schreibt *Quartz*.

In der Theorie wissen wir das natürlich alle. Und als Normalsterblicher fragt man sich, ob da womöglich Firmengelder veruntreut worden sind für die Erforschung eines recht plumpen Allgemeinplatzes. Allerdings ist «psychologische Sicherheit», wie das Konzept eines Teamklimas des guten Miteinanders in der Fachsprache heißt, leichter erforscht als getan. Das erlebte eine kanadische Frau hautnah.

Line Emond arbeitet als Beamtin in Ottawa. In ihrem Büro musste sie täglich die Macken eines Kollegen ertragen, den *CTV News* geheimnisvoll nur Mr. X nennt. Und wenn wir Macken sagen, meinen wir: Fürze und Flüche, tagein, tagaus. Andere Mitarbeiter bezeugten ebenfalls, dass Mr. X «bizarre Geräusche» von sich gab, barfuß im Büro herumlief und seine Füße am Arbeitsplatz mit Essig wusch. Line Emond ertrug es nicht länger. Ihr Arzt attestierte ihr Angstzustände. Mit dieser Diagnose im Rücken zog sie vor eine Schiedsstelle.

Und das Gericht gab ihr recht: Line Emond bekam ein neues, eigenes Büro zugesprochen. Was uns der Artikel nicht verrät: ob die anderen, genervten Kollegen nachzogen und klagten, bis Mr. X irgendwann ganz allein in seinem Großraumbüro saß, die Füße barfuß und in Essig eingelegt, furzend, fluchend, kurz – verdammt glücklich.[35]

NEWSTICKER

Woman arrested for drink-driving has charges dropped because she suffers from rare condition which means her body «acts like a brewery» and turns food into alcohol (Daily Mail) +++ Professor told to stop giving fake urine to students to drink (KUTV.com) +++ Homeless ex-lawyer who sneaked into woman's bedroom dressed in fishnets and G-string mistook her for giant panda (Daily Mirror) +++ I quit my job to breastfeed my boyfriend every two hours (New York Post) +++ «Arche Noah» kracht gegen Boot der Küstenwache (Focus Online) +++ Scientists have figured out exactly how much fun it is to get drunk (Washington Post) +++ Man Wins World Championship In French Scrabble Without Understanding A Word Of French (Huffington Post)

BACK TO THE FUTURE

In Florida fiel ein Mann 2015 dadurch auf, dass er mit seinem Wagen durch drei Ladenlokale krachte und diese vollständig zerstörte. Es habe wie nach einer Bombenexplosion ausgesehen, sagte der Manager der Geschäftsräume, und es sei ein Wunder, dass niemand zu Schaden gekommen war.

Na ja, bis auf den Fahrer des Wagens natürlich, der mit einer Verletzung ins Krankenhaus musste. Dem Bericht von News3LV zufolge wird der Mann sich dort auch einer umfassenderen Untersuchung unterziehen müssen. Nach dem Grund gefragt, weshalb er mit hoher Geschwindigkeit auf das Gebäude zugefahren sei und seinen Wagen mit Absicht in die Räume gesteuert habe, wo er mehrere Wände umnietete, antwortete er im vollen Ernst, er habe versucht, eine Zeitreise zu machen.

Da behaupte noch mal einer, Filme hätten keinen schlechten Einfluss auf uns.[36]

DER MANN, DER EINE EINSTWEILIGE VERFÜGUNG GEGEN GOTT BEANTRAGTE

Im sogenannten Anti-Stalking-Paragraphen 238 regelt der Gesetzgeber, wie mit Tätern umzugehen ist, die ihren Opfern nachstellen. Wer dies unbefugt tut, indem er (oder sie) «beharrlich» die «räumliche Nähe aufsucht (…), mit der Verletzung von Leben, körperlicher Unversehrtheit, Gesundheit oder Freiheit» des Opfers droht oder «eine andere vergleichbare Handlung vornimmt» muss mit einer Freiheitsstrafe rechnen. Ob es ein ähnliches Gesetz in Israel gibt und wie es aussieht, ist mir nicht bekannt. Mit an Sicherheit grenzender Wahrscheinlichkeit meint aber auch dort ein solches Gesetz ausschließlich Stalking durch Menschen. Weder in Deutschland noch in Israel dürfte der Gesetzgeber Gott im Sinn gehabt haben.

Mit dieser Fragestellung musste sich nämlich ein Gericht in Haifa, Israel, beschäftigen. Ein Mann beantragte dort eine einstweilige Verfügung gegen Gott, den Allmächtigen, weil dieser ihm gegenüber ganz besonders unfreundlich gewesen sei. Die *Times of Israel* berichtet, dass der Mann sich selbst vor Gericht vertrat. Den Protokollen zufolge sei Gott nicht anwesend gewesen, wobei die Zeitung richtigerweise anmerkt, dass das Gerichtsprotokoll nicht näher darauf einging, ob er *wirklich* nicht da war oder einfach nur von seinem Recht zu schweigen Gebrauch machte.

Immer wieder habe er vergeblich die Polizei gerufen, erklärte der Mann. Er gab an, dass ihm Gott über einen Zeitraum von drei Jahren übel gesinnt gewesen sei, ohne im Detail zu beschreiben, wie sich diese negative Einstellung geäußert hatte. Und hier zeigt sich, dass es womöglich ein Fehler war, auf eine rechtliche Vertretung zu verzichten. Schließlich hätte ein findiger Anwalt das Alte Testament als Beweis für ein beharrliches Aufsuchen räumlicher Nähe und eine Bedrohungslage anführen können, schließlich sagt Gott zum Beispiel im Buch Josua: «Der HERR, dein Gott, ist mit dir in allem, was du tun wirst.» Und in der Torah lesen wir gar: «Der HERR wird unter dich senden Unfall, Unruhe und Unglück in allem, was du vor die Hand nimmst, was du tust, bis du vertilgt werdest und bald untergehst um deines bösen Wesens willen, darum, dass du mich verlassen hast. Der HERR wird dir die Pestilenz anhängen, bis dass er dich vertilge.» Wenn das nicht die genaue Definition eines Stalkers ist, der eine Abfuhr nicht verwunden hat und deshalb der Nachstellerei anheimfällt, dann weiß ich auch nicht.

Dennoch: Das Gericht lehnte den Antrag ab, nannte ihn gar «lächerlich». Es fühlte sich darüber hinaus nicht zuständig. Bedauerlich, da meines Erachtens wichtige Fragen nicht geklärt wurden: Auf wie viel Meter hätte sich Gott nicht nähern dürfen? Hätte die Verfügung nur für unmittelbare Berührungen gegolten oder auch für jene durch den Heiligen Geist? Apropos: Wenn Gott Teil der Heiligen Dreifaltigkeit ist, wäre dann auch Jesus von der Verfügung betroffen? Und wenn Gott in jedem von uns ist: Wie hätte in dem Fall die Verfügung funktioniert?[37]

BEST OF:

DIE WEGE DES HERRN SIND UNERGRÜNDLICH

Glaube. Ein anderes Wort für: Beweise du mir erst mal das Gegenteil. Was natürlich nicht möglich ist (Gottes Existenz). Und wenn es doch mal möglich ist (Homöopathie), dann ist der geführte Gegenbeweis natürlich fürchterlich befangen. Dass ein starker Glaube einem Menschen in einer Notlage Kraft geben kann, ist die eine Seite der Medaille; dass es leider zu viele zwielichtige Gestalten gibt, die die Hoffnung jener Menschen ausnutzen, die Kehrseite.

Wie zum Beispiel der selbsternannte Prophet Yakim Manasseh Jordan – und in diesem Abschnitt gehen wir einfach mal bei jedem Propheten davon aus, dass er selbsternannt ist (oder war) –, der seinen Schäfchen verspricht, dass er die Zukunft vorhersehen, Kranke heilen und zum sensationellen Angebotspreis von gerade mal 1000 Dollar Tote wiederauferstehen lassen kann. Ein fairer Kurs. Aber wie so oft wird auch hier der Prophet im eigenen Land verkannt. Bis auf Klagen wegen seiner aggressiven Verkaufspraktiken ist noch nicht viel an Wundern dabei herumgekommen.

Pastor Mostsoeneng Mboro aus Südafrika versprach Außergewöhnliches: Er bot allen Gläubigen Bilder von einer Reise in den Himmel an, die er mit einem – natürlich – Galaxy S5 von Samsung gemacht hatte. Gegen einen kleinen Obolus von 5000 südafrikanischen Rand, umgerechnet knapp 280 Euro, wollte er jedem Interessierten einen solchen Schnappschuss zukommen lassen. Als die Empörung zu groß wurde, kündigte er an, die Bilder auf seiner Facebook-Seite zu veröffentlichen. Was dann passierte, kann man wirklich nur noch mit Pech (aus unserer Warte; aus seiner Warte vielleicht eher Glück) umschreiben: Sein Smartphone wurde ihm gestohlen. Verdammte Axt! Sein Umfeld war schnell darum bemüht, dennoch keine Zweifel an der Authentizität seiner Aussagen aufkommen zu lassen. So richtete sein Bodyguard Journalisten aus: «Die Bilder gab es wirklich, ich habe sie gesehen. Wir verdächtigen einen der Jungen in der Autowaschanlage des Diebstahls. Bislang wollte es keiner der Jugendlichen zugeben, obwohl wir sie verprügelt haben.»

Der sambische Prophet Emmanuel Nyirongo versetzte seine Schäfchen in Erstaunen, als er im Rahmen seiner Predigt eine versiegelte Flasche Wasser in Paraffin verwandelte. Womit auch geklärt wäre, dass Jesus der Prophet ist, der definitiv am besten Party macht. Sicherlich war es von Vorteil, dass Paraffinöl in einer Flasche abgepackt ziemlich genau wie Wasser aussieht, aber wer bin ich, dass ich ein solches Wunder anzweifle? Leider scheint der Prophet mit diesem Trick sein gesamtes prophetisches Pulver verschossen zu haben, denn er sah nicht rechtzeitig voraus, dass er im September 2015 bei einem Verkehrsunfall ums Leben kommen würde.

Neben der populären Wasser-zu-Wein-Geschichte hat Jesus ja den einen oder anderen Rekord aufgestellt, den es noch zu knacken gilt. Zum Beispiel fastete Jesus einmal 40 Tage und 40 Nächte ohne Brot und Wasser. Er überlebte zwar; dass ein solches Unterfangen aber mit erheblichen gesundheitlichen Risiken verbunden ist, davon zeugen die Halluzinationen, die er währenddessen hatte. Neben Zwiegesprächen mit dem Teufel hatte er farbenprächtige Hungervisionen, die ein jeder nachvollziehen kann, der schon mal länger auf den Pizza-Lieferdienst warten musste. Dennoch: Rekord ist Rekord. Diesen wollte ein Mann aus Kenia brechen, als er ohne Wasser und Nahrung in den Busch aufbrach, um dort in der Einsamkeit zu beten. Als sich ein besorgter Verwandter nach ein paar Tagen aufmachte, ihn zu suchen, fand er ihn. Tot. Verhungert und verdurstet. Wie dem Bericht zu entnehmen ist, versucht die Familie seitdem einen Mantel des Schweigens über die Todesursache zu breiten, was nur allzu verständlich ist. Nicht nur ist es etwas peinlich – in manchen Breitengraden zeugt es womöglich von schlechtem Stil, freiwillig zu verhungern und zu verdursten.

Ein weiterer kenianischer Prediger wurde derweil von Gott nach Jerusalem berufen. Der Allmächtige hatte ihm mitgeteilt, dass er mit Flügeln wie jenen von Engeln ins Gelobte Land fliegen würde. Seine geneigte, wenn auch leicht besorgte Gemeinde folgte ihm zu einem Eukalyptusbaum, von dem der Prediger samt selbstgebastelten Flügeln in der Hoffnung sprang, sie mögen ihn doch bitte one way nach Jerusalem bringen. Er stürzte ab und brach sich jeden Knochen in seinem Körper.

Viel weniger glimpflich gingen zahlreiche andere Geschichten aus. Wie die von Daniel aus Nigeria, der sich für einen Propheten hielt, der in einer Liga spielt wie der biblische Prophet gleichen Namens, der sich ja vor allem dadurch auszeichnete, Löwen in einer Grube gebändigt zu haben, worauf Daniel aus Nigeria es ihm gleichtun wollte. Den Rest können Sie sich denken.

Uwem Akpanebe wollte unbedingt Hexenmeister werden. Doch seine Versuche in schwarzer Magie scheiterten. Er suchte sich Hilfe in Gebetshäusern. Als die Polizei ihn später fragte, weshalb er seine 75-jährige Tante mit einer Machete zu Tode gehackt hatte, erzählte er freimütig, «prayer warriors» hätten ihm offenbart, seine Tante stünde zwischen ihm und der Magie.

Reverend Njohi aus Malawi hielt sich für besonders clever: Der Herr selbst habe ihm mitgeteilt, erzählte er seiner Gemeinde, dass Frauen fortan ohne Unterwäsche in den Gottesdienst zu kommen hätten, damit Jesus leichter in sie eintreten könne. Seine Worte, nicht meine. Sonst drohe ihnen seitens des Herrn Ungemach. Seine Weissagung löste einen Aufschrei aus, und Forderungen werden in Malawi immer lauter, Freikirchen unter Kontrolle durch den Staat zu stellen.

Die amerikanische Schauspielerin Carol Burnett sagte einmal, dass Humor Tragik plus Zeit sei. Man kann auch sagen: Humor ist Tragik gepaart mit Timing. Ein ausgezeichnetes Timing bewies Pastor Kenneth Green aus New Orleans. In seiner Predigt versicherte er seiner Gemeinde: «Wenn der Herr mich jetzt zu sich rufen würde, ich wäre bereit.» Das nahm der Herr wörtlich: Wenige Sekunden später brach Pastor Green zusammen und starb. Gott existiert vielleicht nicht, doch er hat Humor.

Mein Liebling aber ist (oder war) der Prophet Shamiso Kanyama aus Zimbabwe. Beauftragt damit, ein Haus von bösen Geistern zu befreien, stellte er bald fest, dass er es mit ganz besonders hartnäckigen kleinen Biestern zu tun hatte. Härtere Geschütze mussten aufgefahren werden. Um noch stärkere Engel zu Hilfe rufen zu können, bat er die Hausbesitzer, ihn doch freundlicherweise lebendig zu begraben. Allen Unkenrufen zum Trotz bestand er darauf und half sogar mit, sein eigenes Grab zu schaufeln. Selbst als die Familie begann, ihn mit Erde zuzuschütten, und besorgte Nachbarn anmerkten, dass es vielleicht eine gute Idee wäre, damit aufzuhören, rief er seinen Kunden zu, sie mögen doch bitte weitermachen und Kritiker ihr Schandmaul halten, sie würden damit nur seine Engel vertreiben. An welcher Stelle das Wunder genau schiefging, ist nicht überliefert. Aber als ihn die Männer wieder ausgruben, war Shamiso Kanyama tot. Und seine Kunden wegen Mordes angeklagt. Ich habe nur zwei Fragen: Hat sich Shamiso Kanyama zu den bereits vorhandenen Geistern im Haus hinzugesellt? Und hat irgendwer 1000 Dollar zur Hand, um ihn durch Prophet Yakim Manasseh Jordan von den Toten auferwecken zu lassen?[38]

PAC-MAN

Als ich in den Neunzigern als Jugendlicher noch Mitglied der Zeugen Jehovas war, gab es den einen oder anderen Glaubensangehörigen, der das Verbot mancher «unchristlicher» Filme und Computerspiele noch strenger auslegte als die Glaubensführung selbst.

So gab es einen Zeugen Jehovas, der sich für besonders christlich hielt und eine Fatwa gegen das Spiel Pac-Man aussprach. Richtig. Pac-Man. Dieser Arcade-Klassiker, bei dem man einen gelben Kopf Punkte essen lässt und helfen muss, Geistern zu entwischen. Und das war aus seiner Sicht das Problem. Ja, Zeugen Jehovas haben's nicht so mit Geistern, aber selbst das war den meisten zu extrem.

Dass es aber noch absurder geht, bewies die türkische Regierung, wie die staatliche Nachrichtenagentur berichtete. Immerhin hatte mein Glaubensbrüder insofern recht, als dass es sich bei den Gegnern von Pac-Man um Geister handelt. Die türkische Regierung allerdings witterte etwas gänzlich anderes hinter dem Spiel. In einer Liste führte das Jugend- und Sportministerium mehrere Spiele auf, die aus ihrer Sicht islamophobisch sind und Anti-Islam-Propaganda verbreiten. Darunter zweifelhafte Kandidaten wie Guitar Hero 3 und Resident Evil, eindeutig muslimfeindliche Spiele wie Muslim Massacre und Minarett Attack, und – Pac-Man. Ja, Pac-Man. Begründung: Pac-Man würde in dem Spiel von Frauen in Burkas verfolgt, was Stereotype befördere und zur Islamophobie beitrage. Das ist die beste Definition von Realsatire, die ich je gelesen habe.[39]

DIE FALSCHE HYMNE

Der Staat Kasachstan war damals sehr unzufrieden, als die Satire *Borat – Kulturelle Lernung von Amerika, um Benefiz für glorreiche Nation von Kasachstan zu machen* in die Kinos kam. Das Land fühlte sich falsch dargestellt, was man nach Betrachtung des Films durchaus nachvollziehen kann, schließlich stellt der Comedian Sacha Baron Cohen Land und Leute als übelstes Hinterwäldlergesindel dar. Kasachische Offizielle vermuteten sogar eine politische Agenda hinter der Komödie. Unter anderem störten sie sich an der im Film dargestellten Hymne Kasachstans, in der behauptet wird, das Land sei das größte der Welt, alle anderen würden von Mädchen regiert, die Potassiumexporte werden lobend erwähnt, und überhaupt seien die Prostituierten Kasachstans die saubersten in der Region, «außer natürlich denen in Turkmenistan».

Kein Wunder also, dass die kasachische Sportlerin Maria Dmitrienko etwas belämmert dreinschaute, als bei der Siegerehrung bei einem Sportevent in Kuwait nicht die echte Hymne Kasachstans abgespielt wurde, sondern die Version aus dem Film *Borat*. Awkward. Die Organisatoren hatten aus Versehen die Parodiehymne aus dem Internet heruntergeladen. Die Zeremonie wurde wiederholt.

Spaßvögel änderten den Text der Hymne zwischenzeitlich sogar in der Wikipedia, wo sie Borat zum Staatspräsidenten machten und die (fälschliche) Info hinzufügten, dass Frauen in Kasachstan seit 1978 auch mit dem Bus fahren dürften.

Mittlerweile sind aber selbst die Kasachen nicht mehr allzu böse auf den Film. In der Zeit danach verzeichneten sie aufgrund des Films ein höheres Touristenaufkommen. Zehnmal so viele Visa wie üblich seien ausgestellt worden – obwohl Borat in Rumänien gedreht wurde.[40]

UNERWÜNSCHTE SPENDENQUITTUNG

Pro Jahr verbrauchen Europäer 20 Kilogramm an Textilien, Amerikaner sogar 35 Kilogramm, erzählt das *Schwarzbuch Baumwolle.* Das sind fast sieben handelsübliche Waschmaschinenladungen voll. Männer investieren laut Frauenzimmer.de jährlich 450 Euro in Klamotten, Frauen sogar 850 Euro. Einer Umfrage der Website MyCelebrityFashion zufolge besitzt eine Frau im Laufe eines 80-jährigen Lebens durchschnittlich 620 Kleider, 434 Paar Schuhe, 310 Röcke, 248 Mäntel, 1116 Tops, 372 Westen und 558 Paar Hosen.

Selbst im Zwiebellook kann man kaum mehr als 10 Kleidungsstücke auf einmal tragen, dazu ein paar Schuhe. Viele Klamotten landen also im Müll. Deshalb sind Kleiderspenden eine gute Sache. Sie gleichen den Mangel an Kleidung aus, den einige haben, durch eine Reduzierung des Überschusses an Anziehsachen der anderen. Sie führen das Zuviel wieder der Verbrauchskette zu, hoffentlich genau dorthin, wo es ein Zuwenig gibt.

Für einen Mann aus den USA wurde das System Kleiderspende jedoch zu einem wahr gewordenen Albtraum. Aber der Reihe nach. In ihm keimte eines Tages der Verdacht, dass seine Wohnung von Bettwanzen befallen worden war. Um sicherzugehen, räumte er den gesamten Inhalt seines Kleiderschranks in Plastiktüten und stellte sie in seinen Vorgarten, in der Hoffnung, die Hitze würde den Biestern den Garaus machen.

Als er nach zwei Tagen die Klamotten wieder hereinholen wollte, entdeckte er, dass die Tüten verschwunden waren. Er dachte zunächst an einen Scherz seiner Freunde, bis er einen

Zettel entdeckte, auf dem sich eine karitative Organisation für seine Spende bedankte.

Hektisch rief er die Organisation an. Doch der Verantwortliche konnte ihm nicht weiterhelfen. Eigentlich, so der Verantwortliche, waren die Mitarbeiter dazu angehalten, nicht wahllos Tüten mit Kleidung einzusammeln, sondern nur jene, die entsprechend beschriftet worden waren. Es wäre aber gut möglich, dass es in seinem Fall zu einer Verwechslung gekommen war. Leider, der Verantwortliche weiter, könne er ihm aber nicht helfen. In der Regel würden Kleiderspenden direkt weiterverwertet und verteilt. Und wären sie kontaminiert, zum Beispiel mit Bettwanzen, würden sie ohnehin unverzüglich vernichtet werden.

Und so kam es, dass dieser arme Mann aus den USA aus Versehen alle seine Kleider spendete. Ob er im Anschluss im örtlichen Thrift Shop vorbeischaute, um sich mit neuen Klamotten einzudecken, ist leider nicht überliefert.[41]

ROMANTIK

Ein holländischer Mann wurde am Flughafen Hunan in China aufgrund akuter Erschöpfung ins Krankenhaus gebracht. Der Grund: Der arme Tropf hatte 10 Tage lang auf die Ankunft seiner Freundin gewartet. Der Mann hatte die Frau online über einen Messaging-Dienst kennen- und lieben gelernt. Gefühle, die durchaus erwidert wurden. Nur hielt die Angebetete es für einen Scherz, als der Holländer ankündigte, sie in China zu besuchen.

Am Flughafen angekommen, wartete er vergebens darauf, von ihr abgeholt zu werden. Aber er ließ sich nicht beirren. 10 Tage hielt er durch, bis er vor Erschöpfung zusammenbrach und ins Krankenhaus gebracht wurde. Seine Freundin indes bekam nichts von seinen verzweifelten Anrufen mit. Sie weilte zum Zeitpunkt seiner Ankunft in einer Schönheitsklinik.

Trotz allem wollen die beiden zusammenbleiben. Ist die Liebe nicht großartig?[42]

BEST OF:

DUMM GELAUFEN

Ein Undercover-Polizist verfolgte sich 20 Minuten lang selbst, nachdem ein Kollege ihn auf den Überwachungsbildschirmen für einen Verdächtigen hielt. Die Kameras waren auf ein Viertel ausgerichtet, das für seine Kriminalität bekannt war. Der junge Polizist entdeckte bald einen Mann, der sich verdächtig verhielt. Nicht ahnend, dass es sich um einen Kollegen handelte, wies er den Undercover-Polizisten an, sich selbst zu verfolgen, und teilte ihm 20 Minuten lang mit, dass er ihm dicht auf den Fersen war.

In Wien wurde die Feuerwehr zu einem Wohnungsbrand gerufen. Vor Ort fanden sie 11 Cannabispflanzen. Der Wohnungsinhaber erhielt eine Anzeige, der Brand wurde gelöscht. Richtig dumm gelaufen.

In einem Tokioter Zoo konnten nach einem Sturmschaden 30 Eichhörnchen entwischen. Die Mitarbeiter schafften es, 38 wieder einzufangen. Hä? Waren vielleicht doch mehr als 30 entwischt? Hatten die übereifrigen Mitarbeiter wilde Eichhörnchen mit eingesammelt? Hatten sich die Eichhörnchen in Freiheit vermehrt? Die Differenz stellte die Zooleitung vor ein Rätsel. Gelöst wurde es nicht. Im Gegenteil. Wochen später erhielt der Zoo immer noch Hinweise auf ausgebüxte Eichhörnchen.

In Belfast schleuderte ein Mann aus welchen Gründen auch immer einen Backstein gegen die Scheibe eines Ladenlokals einer karitativen Organisation. Der Backstein prallte an der Scheibe ab, flog – Einfallswinkel ≠ Ausfallswinkel – in dieselbe Richtung zurück und traf den Mann am Kopf. Kleine Sünden und so.

Ein Mann in Coatbridge, Schottland, wollte seine Freundin ärgern. Wie man das dann halt so macht, brachte er dem Mops der Freundin bei, jedes Mal die Pfote zu heben, wenn in der Aufzeichnung einer Hitler-Rede «Sieg Heil» gerufen wurde. Das Video sahen Millionen von Menschen auf YouTube. Auch die Polizei. Der Mann wurde verhaftet. Er entschuldigte sich bei der jüdischen Gemeinde.

Ein junger Brite wollte gern Dschihadist werden und den sogenannten Islamischen Staat im Kampf unterstützen. Für dieses Ziel trainierte er mit Gleichgesinnten auf dem örtlichen Paintball-Gelände. Bereit, für den IS zu sterben, wollte er sich auf den Weg nach Syrien machen. Doch seine Mutter machte ihm einen Strich durch die Rechnung: Sie hatte dem Möchtegern-Dschihadisten kurzerhand den Reisepass weggenommen. Träume sind Schäume.

Keinesfalls möchte ich mich über einen tragischen Todesfall amüsieren. Aber tatsächlich birgt diese Schlagzeile so viel Ironie, ja, Tragikomik, dass ich es als meine Chronistenpflicht sehe, sie zumindest kommentarlos zu zitieren: «Girl dies after being kicked by horse while riding pony.»

Wem ist das noch nicht passiert? Eine falsche Bewegung, und wie von Zauberhand wählt das Handy in der Hosentasche die

Nummer der Ex. Oder den Notruf. So geschehen in Danville, Kentucky. Zwei Männer besprachen einen Überfall auf ein Diner, als einer der Männer aus Versehen den Notruf wählte. Die Beamten am anderen Ende der Leitung konnten nun zuhören, wie die beiden den Überfall planten. Die Beamten alarmierten den örtlichen Polizeichef – der praktischerweise in genau jenem Diner saß, der überfallen werden sollte. Eine runde Sache.

Ein Mann und seine Schwester besuchten den Yellowstone-Park, in dem es verboten ist, in den heißen Quellen zu baden. Das war ihnen aber egal, und so machten sie sich auf die Suche nach einer ruhigen Ecke, um genau das zu machen. Aber Vorsicht ist die Mutter der Porzellankiste, und der Mann hatte daher vor, die Temperatur zu testen, als er ausrutschte und in das kochend heiße Wasser fiel. Die Park-Ranger versuchten am nächsten Tag, seine Leiche zu bergen. Doch sie fanden nichts. Das säurehaltige Wasser der heißen Quelle hatte die Leiche vollständig aufgelöst.[43]

IN THE GHETTO

Viele Menschen haben herauszufinden versucht, wie ein Verbrecher entsteht. Der Urvater der Kriminologie, der Ursachenforschung von Kriminalität, Cesare Lombroso, glaubte noch an den geborenen Verbrecher, dessen Erbmaterial ihm keine Chance ließ, als vom rechten Weg abzukommen. Heute wissen wir, dass es eine Mischung aus verschiedenen Faktoren ist, die unter anderem in der Sozialisation, Entwicklung und Frustration begründet liegen, die einen Menschen dazu bringt, Verbrechen zu begehen.

Einen äußerst plausiblen Grund für seine kriminelle Karriere hatte ein gewisser Rick Thompson, der im Raum Seattle lange Jahre einem Ring von Betrügern vorstand, der hauptsächlich von Identitätsdiebstahl lebte. Seine Komplizen und er waren alle drogenabhängig und auf der Suche nach dem schnellen Geld. Insgesamt sollen sie mit ihren Betrügereien etwas über hunderttausend Dollar gemacht haben.

Nach der Trennung von seiner Frau war Rick Thompson von Alkohol, Crystal Meth und Schmerzmitteln abhängig geworden – tatsächlich ein recht üblicher Werdegang in der Beschaffungskriminalität. Doch der Grund für die Trennung ist das, was ihn von vielen seiner kriminellen Zeitgenossen absetzt. Schließlich hatte er bis zu diesem Zeitpunkt äußerst erfolgreich im Bau gearbeitet und seine Familie versorgt. Rick Thompsons Frau hatte ihn für einen Elvis-Imitator aus einem zweitklassigen Kasino in Las Vegas verlassen. Wer da nicht aus Solidarität ein Gläschen hebt, hat kein Herz.[44]

OHNE LEICHE KEIN VERBRECHEN

Man kennt das ja aus Fernsehkrimis: Ein Mensch verschwindet, alle Indizien weisen auf einen Verdächtigen, aber die Leiche wird nicht gefunden, ergo keine Mordanklage möglich. Tatsächlich gibt es viele Beispiele für Verurteilungen, die auch ohne das Corpus Delicti erfolgten. Aber es ist natürlich eine spannendere Geschichte, wenn der Ermittler mangels eines Toten andere Wege finden muss, den Täter zu überführen.

Ob der 36-jährige in Hagen-Boele solche Krimis im Sinn hatte, ist mir nicht bekannt. Die Vermutung liegt allerdings nah. Der Mann war kurz vor 11 Uhr vormittags dabei erwischt worden, wie er zwei Flaschen Wodka aus einem Supermarkt zu entwenden gedachte. Bevor man ihm die Flaschen entriss, nahm er noch einen kräftigen Schluck.

Offensichtlich wertete er dieses Ereignis als Misserfolg, denn eine Stunde später versuchte er sein Ladendiebstahlglück in einem Discounter gegenüber. Wieder wurde er erwischt. Doch diesmal hatte er einen Plan: Er öffnete eine der Flaschen Wodka und leerte sie in einem Zug, in der Hoffnung, alle Beweise wären somit vernichtet. Der Bericht von *Der Westen* endet mit: «Beim Eintreffen der Polizisten war er aufgrund seiner Alkoholisierung nicht mehr ansprechbar.» Corpus Delirium statt Corpus Delicti.[45]

SCHLAFEN KÖNNEN WIR, WENN WIR TOT SIND

Ich hatte in meinem Leben sehr viele polnische Freunde und war auch schon auf einer zweitägigen polnischen Hochzeit. Das ist der Grund, weshalb ich die folgende Geschichte für durchaus glaubwürdig halte, über die unter anderem *Metro.co.uk* und der *Daily Mirror* berichteten. Ein Mann in der polnischen Stadt Kamienna Gora brach während eines Kampftrinkens zusammen und erlitt einen Herzinfarkt. Das Krankenhaus konnte ihn nur noch für tot erklären.

Etwas später am selben Tag hörte ein Wachmann unheimliche Geräusche aus der Leichenhalle. Vorsichtig schaute er sich um, aber es handelte sich nicht wie üblich um Jugendliche, die in die Halle eingebrochen waren. Das Geräusch kam aus einer der Kühlzellen. Mit zitternden Händen öffnete er die Tür und wurde von dem mittlerweile wieder quicklebendigen Kampftrinker mit der Frage begrüßt, ob er nicht eine Decke haben könnte.

Nach einer kurzen Untersuchung durch Ärzte wurde er aus dem Krankenhaus entlassen und tat das, was jeder vernünftige Mensch getan hätte: Er kehrte in die Kneipe zurück und trank weiter. Gott schütze die Polen!

Diese Geschichte ist gar nicht so ungewöhnlich, wie man glauben mag. Ein Jahr zuvor hatte die *New York Post* von einem russischen Mann berichtet, dem in etwa das Gleiche passiert war. Auch er kehrte von den Toten und zur Party zurück, auf der er gestorben war. Die Trauerstimmung verwandelte sich augenblicklich in eine Feier.

Sofern diese Geschichten stimmen – und das ist medizinisch

vollkommen möglich –, sind die Erklärungen für das Phänomen von Totgesagten, die wieder zum Leben erweckt werden, recht einfach. Meist liegt ein Irrtum dem vermeintlichen Wunder zugrunde; sehr oft war der Puls so schwach, dass er kaum noch spürbar war, und die Rettungskräfte erklärten die Person vorschnell für tot. Jemanden für tot erklären zu lassen ist eine sehr knifflige Angelegenheit. Denn der Tod ist technisch betrachtet kein singuläres, eindeutiges Ereignis, sondern ein Prozess, der das fortschreitende Aussetzen verschiedener körperlicher Mechanismen beinhaltet. Wenn das mal nicht eine schöne Metapher für das Leben im Allgemeinen ist.[46]

KEIN ANSCHLUSS UNTER DIESEM NOTRUF

Im Winter 2016 veröffentlichte die Polizei Berlin erschreckende Zahlen. 300 000 eingegangene Anrufe, 23 Prozent des Gesamtaufkommens, entsprachen nicht mal ansatzweise den Kriterien eines Notfalls, die ein polizeiliches Eingreifen nötig machen. In einer Serie von Tweets führten sie die absurdesten Gründe für Notrufe auf.

So beschwerte sich ein Anrufer, dass der Automat seine Pfandflaschen nicht annähme. Ein anderer sagte, er habe eine Spinne im Glas gefangen und ersuche um Abholung. Ein Jugendlicher bat darum, aus seinem Zimmer befreit zu werden, in das seine Eltern ihn gesperrt hatten. Eine andere Person wollte gern zum Supermarkt gefahren werden, weil es regnete. Zumindest ein Notruf erscheint etwas nachvollziehbar: «Meine Schwiegermutter will an mein Erbe.»

Die Polizei in Berlin ist nicht die einzige Behörde, die mit irrtümlichen Notrufen zu kämpfen hat. In Bremen rief eine 71-jährige Frau die Rettungskräfte, als sie am Telefon ein Stöhnen vernahm. Aus Sorge, ihre Freundin könne einen Notfall haben, benachrichtigte sie die Polizei. Diese fand ihre Freundin bei bester Gesundheit vor. Auch habe sie nicht telefoniert. Als die Polizisten das Telefon der 71-jährigen Frau untersuchten, fanden sie des Rätsels Lösung: Die Frau hatte versehentlich eine Telefonsex-Hotline in Haiti gewählt.

Einem Mann in Winder im US-Bundesstaat Georgia hingegen mussten die Rettungskräfte erklären, dass Unsichtbarkeit kein Notfall sei. Wiederholt hatte der Mann den Notruf gewählt mit der Begründung, dass er unsichtbar sei und Behandlung brauche. Ich verstehe ihn. In der fünften Klasse gab es da dieses Mädchen, das mich einfach nicht wahrnahm. Wie gern hätte ich den Notruf gewählt. Aber anscheinend ist das kein berechtigter Grund. Komisch.[47]

NACHBAR DES JAHRES

Die folgende Geschichte spielt in einer Stadt namens Halfmoon, also Halbmond, ihr Held ist ein Mann namens Michael Orchard, also Obstgarten, und vielleicht ist es jetzt nachvollziehbar, weshalb ich über die sensationellen Ereignisse hinaus dreimal nachgeprüft habe, dass ich hier nicht auf einer besonders geschickt aufgebauten Satireseite gelandet war.

Michael Orchard aus Halfmoon war zu Hause und vertrieb sich die Zeit mit LSD und Hustensaft, als er im Nachbarhaus einen Brand wahrzunehmen meinte. Nicht gut. Zwar war niemand zu Hause, aber der Hund drohte elendig zu verbrennen. Michael Orchard tat das, was jeder gute Nachbar tun sollte: Er rannte hinaus und versuchte, die anderen Bewohner des Viertels zu alarmieren. Doch niemand reagierte.

Denn: Es gab kein Feuer. Michael Orchard war high wie das Empire State Building und saß einer Halluzination auf. Er begann zu verzweifeln. In dem Haus, in dem es nicht brannte, brannte es, und der Hund der Nachbarn war in Lebensgefahr. Aber Michael Orchard wäre nicht Michael Orchard, wenn ihm nicht eine Lösung eingefallen wäre.

Er rannte zurück auf sein Grundstück, setzte sich in seinen Dreier-BMW, durchbrach das Tor zum Nachbarn, trat die Hintertür auf und rettete den Hund. Als die Rettungskräfte eintrafen, so der Bericht auf WNYT.com, wartete er heldenhaft mit dem Hund auf dem Arm auf der Straße, das Inferno im Rücken. Der Hund überlebte sowohl das Feuer als auch den Trip von Michael Orchard unversehrt.[48]

BEST OF:

DAS GEGENTEIL VON GUT IST GUT GEMEINT

Ich nehme an, dass das Wort *Verschlimmbessern* und die Redewendung *Das Gegenteil von gut ist gut gemeint* eine ähnliche Herkunft haben. Menschen, die die richtige Intention haben, nur an der Umsetzung hapert's. Sie wissen schon, zum Beispiel Leute, die sagen: «Hey, wir brauchen einen neuen, größeren Flughafen» oder «Warum nicht den Bahnhof vergraben, damit alle mehr Platz haben?», und dann wird die Elbphilharmonie noch vorher fertig, und im Boden ist ein Riesenloch, das keiner will. Solche Menschen gibt es nicht nur in Berlin oder Stuttgart. Die gibt es überall. Ehrlich, sie meinen es gut.

Im April 2016 brachen Unbekannte einen Käfig des kleinen Zirkus Kaiser auf. Seit Tagen demonstrierte PETA vor dem Familienbetrieb in München. Die Organisation dementierte später jede Beteiligung an der Tat. Die unbekannten Tierschützer hatten zuvor bereits den Käfig der Esel aufgebrochen. Jetzt wurden die Sträuße Nala und Zawo, die eigentlich schon in Zirkusrente waren und bald auf einen Gnadenhof übersiedeln sollten, von den Tätern in die Unabhängigkeit entlassen. Die neue Freiheit währte nicht lang: Nala wurde ein paar Straßen weiter von einem Auto angefahren und starb. Zawo überlebte und wurde zurückgebracht. Doch auch für ihn wurde die Flucht zum Fluch: In Deutschland müssen Vogel Sträuße per Gesetz als Paar gehalten werden. Findet sich nicht bald ein neues Weibchen, muss das verwitwete Tier eingeschläfert werden. Wie schon Bismarck feststellte, ist Freiheit ein Luxus, den sich nicht jeder gestatten kann.

Ein Mitarbeiter einer Zoohandlung in Oregon war nach einem Termin bei einer Prostituierten so zufrieden, dass er ihr ein großzügiges Trinkgeld in Form eines Galagos gab, eines kleinen Primaten aus der Familie der Feuchtnasenaffen. Dazu gab es noch das Spendengeld der örtlichen Pfadfinderinnen. Und einen Laptop. In den USA sind 15 bis 20 Prozent Trinkgeld üblich. Er muss sehr zufrieden gewesen sein. Den Affen, das Geld und den Laptop hatte der Mann aus der eigenen Zoohandlung entwendet, die er mit seiner Frau betrieb. Als sie von den polizeilichen Ermittlungen und den Faxen ihres Mannes erfuhr, entledigte sie sich sowohl privat als auch beruflich seiner Dienste. Die Prostituierte durfte den Affen nicht behalten. Das Geld blieb verschwunden.

Eine Mutter in England wollte ihrem Sohn zum 16. Geburtstag eine Freude machen. Zu diesem Zweck buchte sie einen Gorilladarsteller, der den Jungen in der Schule überraschen sollte – wie man das halt so macht. Die Lehrerin war einverstanden und versprach, den Auftritt zu filmen. Leider kam es in der Agentur zu einer klassischen Verwechslung. Statt eines Mannes in einem Gorillakostüm tauchte eine Stripperin in einer Polizeiuniform auf. Sie zog sich vor der Klasse aus und bat das Geburtstagskind, sie einzuölen. An dieser Stelle, so der Bericht, zog die Lehrerin die Notbremse.

Sicherlich das Beste im Sinn für seinen Mandanten hatte ein Anwalt in Russland, der gerade im Büro der Richterin saß, als er begriff, dass der einzige Beweis, der seinen Klienten belastete, vor ihm auf dem Tisch lag: das Ergebnis der Alkoholkontrolle. Der Angeklagte hatte einen Unfall verursacht. Dieses Dokument inkriminierte ihn. Als die Richterin den Raum verließ, zögerte er nicht lange. Wie die Aufnahme der Überwachungskamera später zeigte, schnappte sich der Anwalt das Stück Papier und aß es auf. Und vernichtete so die komplette Beweisführung der Anklage. Dem Anwalt drohen nun bis zu zwei Jahre Haft.

Jeder weiß: Gefährlicher als Drogen sind gestreckte Drogen. Schließlich sucht man einen sauberen Rausch, nicht eine Vergiftung, weil das Koks mit Waschpulver gestreckt war. Umso wichtiger, dass Dealer ihrer Verantwortung als Dienstleister nachkommen. Genau das hatte eine Frau in Toulouse vor, die unbedingt wissen wollte, wie der Reinheitsgrad ihrer Kokainladung war. Und wer könnte das besser überprüfen als das Drogendezernat der Polizei, nicht wahr? Gesagt, getan: Mit ihren zwei Taschen Koks im Schlepptau wurde die Frau bei der örtlichen Polizei vorstellig und bat um einen Reinheitstest. Sie wurde umgehend verhaftet. Auf die Frage, weshalb um Himmels willen sie ausgerechnet in ein Polizeirevier gegangen war, antwortete sie, dass sie wissen wollte, ob das Koks eine gute Qualität habe, damit niemand an einer Überdosis sterben würde. Das Leben ist manchmal ungerecht.

Jeder mag Katzen. Wer Katzen nicht mag, ist ein schlechter Mensch. Das ist ein Naturgesetz. Insofern ist es völlig verständlich, dass die Lenkerin eines Schulbusses in Charlotte, North Carolina, einer Katze auswich und den Bus stattdessen gegen ein geparktes Auto und anschließend in ein Reihenhaus steuerte. 14 Schulkinder nebst Busfahrerin wurden bei dem Manöver verletzt. Die Katze überlebte. Das Haus musste von einem Statiker überprüft werden.

Man kennt das ja. Man hat ein bisschen was getrunken, fährt trotzdem und wird von der Polizei angehalten. Schnell, lass Plätze tauschen. Der älteste Trick. Dumm nur, wenn der Beifahrer genauso besoffen ist. Genau dieses Kunststück vollbrachten zwei Männer in Kanada. Beide wurden zu einer Geldstrafe verdonnert.[49]

SELBST IST DIE FRAU

Bei einer Verkehrskontrolle in Herford stellte die Polizei der *Neuen Westfälischen* zufolge fest, dass die Fahrzeughalterin recht kreativ mit der Zulassung ihres Autos umgegangen war.

Statt einer TÜV-Plakette hatte sie eine Briefmarke an das vordere Kennzeichen geklebt, am hinteren Kennzeichen prangte der Briefkopf eines amtlichen Schreibens.

Von denen, stellte die Zeitung fest, würde sie nun wohl mehrere erhalten.[50]

KRISENMANAGEMENT

Manchmal wird alles einfach zu viel. Dann helfen keine Worte mehr, dann ist Eskalation angesagt. Eine Kleinigkeit reicht meist. Der berühmte Tropfen, der das Fass zum Überlaufen bringt.

Eine 64-jährige Frau im US-Bundesstaat Washington brannte eine Shoppingmeile nieder, weil es keine Einkaufswagen mehr gab. Wie Q13 Fox berichtet, verärgerte sie das so sehr, dass sie den Mitarbeitern im Supermarkt ankündigte, den Laden abzufackeln. Sie ging in die Schreibwarenabteilung und legte ein Feuer. Dann teilte sie mit, dass der Markt brenne, ging hinaus und dokumentierte das Ganze mit ihrem Smartphone.

Nicht nur der Supermarkt brannte bis auf die Grundmauern nieder, sondern gleich die ganze Einkaufsstraße. 75 Feuerwehrmänner versuchten, der Lage Herr zu werden. Verletzt wurde niemand, aber die Frau wird die nächste Zeit hinter Gittern verbringen.[51]

NEWSTICKER

Man fined for pretending to be ghost in Portsmouth cemetery (The Guardian) +++ **Keys Deputies Arrest Man Dressed as Pirate for Firing Muskets at Cars** (Miami New Times) +++ **Florida man suspected of smelling woman's feet at library leads police on scooter chase** (Chicago Tribune) +++ **Sturz beim Pinkeln ist kein Dienstunfall** (Spiegel Online) +++ **Sofía Vergara sued by her own embryos** (Page Six) +++ **Microsoft deletes «teen girl» AI after it became a Hitler-loving sex robot within 24 hours** (Telegraph) +++ **Studie: Männer müssen sich zweimal die Woche mit Freunden betrinken, um gesund zu bleiben** (Business Insider) +++ **Europe, here we come** (Daily Mail, 1973 in Großbritannien) +++ **Dangdut singer Irma Bule gets bitten by cobra on stage, keeps singing for 45 minutes before she dies** (Jakarta Coconuts) +++ **Police Looking For Man Who Stole Two Pizzas Dressed As Beer Bottle** (Huffington Post)

«MEIN NAME IST PIZZA»

In der Reihe meiner persönlichen Alltagshelden nimmt diese Frau, von der die *Daily Hampshire Gazette* zu berichten weiß, einen besonderen Platz ein.

Gegen Mitternacht wurde die Polizei zu einer Bar in Amherst gerufen. Eine Frau hatte dem Türsteher eine Ohrfeige verpasst. Folgendes war passiert: Als die Frau die Bar zu betreten versuchte, hatte der Türsteher einen Ausweis verlangt. Daraufhin holte die Frau ein Stück Pizza hervor und reichte es dem Türsteher. So beschreibt die *Daily Hampshire Gazette* die darauffolgenden Ereignisse: «Nachdem sie darüber informiert worden war, dass Pizza kein valides Dokument sei, um sich Zugang zur Bar zu verschaffen, gab sie dem Türsteher eine Ohrfeige, berichtet die Polizei, die eine Anzeige wegen Hausfriedensbruch aufnahm.» Ich schwanke zwischen «Gewalt ist keine Lösung» und vollem Verständnis für die Frau.

Ich meine, wir reden hier von Pizza. Pizza! Pizza ist die einzige Sprache, die weltweit gesprochen wird. Pizza ist immer für dich da. Pizza verurteilt dich nicht. Pizza ist Liebe. Schon der Apostel Paulus schrieb im ersten Korintherbrief (sinngemäß): «Für jetzt bleiben Glaube, Hoffnung, Pizza, diese drei; / doch am größten unter ihnen ist die Pizza.» Wer könnte dem widersprechen?

Angesichts dessen bin ich mir sicher, dass es sich bei dem Verhalten des Türstehers und dem Eingreifen der Polizei um ein Missverständnis handeln muss.[52]

SAUSAGE-PARTY

Die Website *Jalopnik* nennt es «the most German thing», das Deutscheste, was je passiert ist: Zwei Aktionäre der Daimler AG sind bei der Jahreshauptversammlung derart über Wurst in Streit geraten, dass die Polizei gerufen werden musste. Ein Mann war dabei beobachtet worden, wie er sich unzählige Würste vom Buffet zum Mitnehmen einpackte. Eine Frau stellte ihn zur Rede – und die Situation eskalierte. Es ging buchstäblich um die Wurst.

Vorstand Manfred Bischoff nahm's mit Humor. Und das Branchenblatt *Bloomberg* stellte fest, dass auf der Versammlung eine Dividende von 3,25 Euro pro Aktie verabschiedet worden war – genug, um sich beim Aldi mit Würstchen satt einzudecken. Manche Menschen kriegen den Hals eben nicht voll. Oder wie ein Kommentar auf Jalopnik unter dem Bericht sagte: «Those people are the wurst.»[53]

DER MANN, DER SICH ZU FRÜH FREUTE

Der Protagonist ist dem Tod gerade mal eben so von der Schippe gesprungen. Er atmet durch, wir atmen durch, erleichtert, noch mal davongekommen zu sein, als der Tod in anderer, überraschender Form zurückkehrt und sein Werk vollbringt. Man kennt das aus vielen Filmen, vor allem aus Gruselklassikern. Aber auch als komödiantisches Stilmittel kommt dieser Tropus zum Einsatz, den die Seite tvtropes.org «Take a moment to catch your death» nennt – ein Wortspiel aus dem Umstand, dass man beim Durchatmen erwischt wird. Im Film *Das Fünfte Element* zum Beispiel freut sich Bösewicht Zorg, dass er die Bombe rechtzeitig entschärfen konnte, bis jemand anders eine andere Bombe zündet. In *London Has Fallen* entkommen der Präsident der USA und sein Bodyguard augenscheinlich den Verfolgern, nur um im nächsten Augenblick von einem Lkw gerammt zu werden. Oder Greg Kinnear, der in *Wen die Geister lieben* sehr glücklich darüber ist, dass ihn eine herabstürzende Klimaanlage knapp verpasst, als ihn ein Bus mitten in die Überlebensfreude hinein überfährt.

Genau das passierte ironischerweise einem Mann in L.A. Nur ohne die Klimaanlage. Der Mann war in den Canyons rund um die Stadt der Engel ins Schleudern geraten. Sein Wagen kam von der Straße ab und auf dem Rand der Klippe zum Stehen. Während der SUV über dem Abgrund hin und her schaukelte, kletterte der Fahrer vorsichtig heraus. Glücklich, dem Tod ein Schnippchen geschlagen und wieder festen Grund unter den Füßen zu haben, atmete er kräftig durch – und wurde umgehend von einem Bus erfasst. Ich glaube, das ist das, was man *stranger than fiction* nennt.

Der – je nach Zeitpunkt der Bewertung – Glückspilz oder Pechvogel überlebte das Drama. Die Polizei nutzte die Gelegenheit, darauf hinzuweisen, dass man im Straßenverkehr aufpassen müsse. Dass sich das zwar nett anhört, aber in der Praxis auch nicht immer hilft, mussten ein paar Menschen nur einen Tag vorher einige Kilometer weiter südlich in der Nähe von San Diego miterleben. Ein Mann war rechts rangefahren, um ein Telefonat zu führen. Vorbildlich. In dem Augenblick musste ein Kleinflugzeug notlanden, schlitterte über den Freeway und krachte in das Auto. Die Beifahrerin starb. Manchmal macht man alles richtig, doch das Universum hat was anderes vor.[54]

DAS KIND BEIM NAMEN NENNEN

Namen wie Müller, Bäcker, Meier oder Schuhmacher rühren daher, dass die Menschen irgendwann der Einfachheit halber ihr Handwerk als Nachnamen angenommen haben. Bei fünf Michaels im Dorf musste halt irgendwann ein Ordnungssystem her.

Großer Beliebtheit erfreuen sich heutzutage die Namen von Menschen, die eher unfreiwillig ihre Entsprechung im Beruf des Namensträgers finden, wie die ganz und gar echten Fälle des Gynäkologen Dr. Lothar Loch oder der Sexualtherapeutin Gisela von Hinten beweisen. Das schönste Beispiel dafür findet sich in Amerika.

Im Jahr 2016 kam *Imperium* mit Daniel Radcliffe ins Kino. In dem Film spielt der Harry-Potter-Darsteller einen FBI-Agenten, der in der amerikanischen Neonazi-Szene ermittelt. *Imperium* basiert auf der wahren Geschichte eines Mannes, der sich im Auftrag der Behörde in eine Neonazi-Gruppe einschlich, um undercover Beweise zu sammeln. 20 Monate lang tauchte er in der rechtsextremen Szene unter und schrieb später ein Buch über seine Erfahrungen. Der echte Name des FBI-Agenten, der für seine Undercover-Ermittlung zum Neonazi wurde: Michael German. Kein Witz.[55]

BEST OF:

EIN HOCH AUF DIE WISSENSCHAFT

Wenn es eine verlässliche Formel für großartige Geschichten gibt, dann ist das jene, die mit «Forscher entwickeln» beginnt (noch besser: «Britische Forscher»), gefolgt von möglichst abstrusen Variablen. Wie zum Beispiel die Schlagzeile, die die *Wired* am 13. Mai 2016 veröffentlichte: «Forscher entwickeln einen faltbaren Roboter aus Schweinefleisch.» Da steckt alles drin: Entwickelnde Forscher! Roboter! Er ist faltbar! Und er ist aus einem Stoff, aus dem Roboter in der Regel nicht sind! Wenn das Dr. Frankenstein noch hätte erleben können! Was zunächst wie das Projekt einer Forschergruppe klingt, die noch Gelder übrighatte und von allen Kontrollinstanzen vergessen wurde, hat bei näherer Betrachtung tatsächlich Sinn: Der «ingestible Origami Robot» soll selbständig agierend bei der Entfernung «versehentlich verschluckter Batterien» helfen. In Amerika, so der Artikel, werden jährlich 3500 Batterien verschluckt. 0,001 Prozent der Amerikaner sind also entweder Kinder oder Vollidioten. Völlig außen vor lässt der Artikel die wohl naheliegendste Anwendung, und wenn ich ehrlich bin, sehe ich da den größten Markt: Der «ingestible Origami Robot» würde ohne jeden Zweifel das Einführen von Medikamenten in Katzen revolutionieren.

«Geplante Kopfverpflanzung: Patient könnte wahnsinnig werden.» Auch eine großartige Schlagzeile. Und darüber hinaus plausibel. Der Patient, der am Werdnig-Hoffmann-Syndrom leidet (haben Sie auch zuerst Wenig-Hoffnung-Syndrom gelesen?), erhofft sich von der OP ein neues Leben auf einem neuen Körper. Experten kritisierten bei Drucklegung das Projekt jedoch und vermuteten gar, der Geist würde mit einer solchen Transplantation nicht zurechtkommen. Man darf gespannt sein. Aber ich habe eine Vermutung, dass die Redewendungen *Ich weiß nicht, wo mir heute der Kopf steht* und *Ich fühle mich wie im falschen Körper* von zeitreisenden Kopftransplantations-Patienten stammen.

Auf jede gute Erfindung wartet mindestens ein Mensch, der vorhat, sie zu missbrauchen. Das ist ein Risiko, das jeder Forscher, jeder Erfinder eingehen muss, sonst würden wir heute noch ausschließlich mit Sonnenlicht heizen. Selbst eine von vornherein explosive Erfindung wie Dynamit hatte ursprünglich einen deeskalierenden Zweck: Alfred Nobel wollte damit das gefährlichere Nitroglyzerin entschärfen. Alles andere hat er echt nicht kommen sehen. Nun war das Google-Auto von Anfang an umstritten, aber auch da könnte man argumentieren, dass die Absicht, uns bereits vor Reiseantritt schauen zu lassen, ob das Hotel wirklich Meerblick hat wie im Prospekt versprochen, gut ist. Gar nicht gut dagegen war die Art und Weise, mit der das Konzept Google-Auto in Philadelphia missbraucht wurde: «Polizei tarnt Spionagewagen als Google-Auto.» Ohne das Wissen der Vorgesetzten klebten die Beamten ein Google-Maps-Logo auf ihr Fahrzeug und spielten Streetview.

Nun sind Videospiele mittlerweile so weit, dass man bei manchen Games zweimal hinschauen muss, um den Unterschied zur Realität zu erkennen. So gut sind die Graphiken. 2003 war das allerdings noch nicht der Fall. Und trotzdem hielt die russische Botschaft in London Folgendes für eine gute Idee: «Russian Embassy uses Command and Conquer screenshot to represent war in Syria.» So wenig F*cks muss man auch erst mal nicht geben wollen. Natürlich wurde die Botschaft dafür ausgelacht. Auf Twitter hagelte es Spott, und viele Accounts benutzten weitere Screenshots aus Super Mario, Pac-Man und ähnlichen Games, um Weltereignisse zu illustrieren.

Ich bin ein großer Fan der Wissenschaft. Nicht immer geht es um Entwicklung, manchmal wollen wir auch einfach nur den Status quo verstehen und dokumentieren. Das ist oft langweilig, unspektakulär, hin und wieder aber sehr unterhaltsam, sodass man was zu schmunzeln hat.

Zum Beispiel über die Forscher, die Affen Kokain gaben und herausfanden, dass jene Affen, die im Sozialgefüge einer Gruppe eher auf der Strecke blieben, mehr dazu neigten, zum Koks zu greifen, als ihre dominanteren Kameraden. Jemand, der etwas zu kompensieren hat, greift zu Koks. Wahnsinnserkenntnis. Das wusste ich nach zwei Jahren Berlin ganz ohne Affenexperiment.

Eine Gruppe von Tech-Milliardären aus dem Silicon Valley ist überzeugt, dass wir in einer Matrix-ähnlichen Simulation leben. Die Gruppe um Elon Musk hat Wissenschaftler beauftragt, die Menschheit beim Ausbruch aus der Simulation zu unterstützen. Der Bank of America Merryll Lynch zufolge gibt es eine zwanzig- bis fünfzigprozentige Chance, dass unsere Realität bloß eine Simulation ist.

Gänzlich aus der Reihe *Too much Information* war das Ergebnis der Forschung von kanadischen und schottischen Wissenschaftlern. Sie entdeckten, dass Heringe sich unterhalten, indem sie sich gegenseitig anfurzen. Dabei können sie einen Ton bis zu 8 Sekunden lang furzen. Und das über drei Oktaven. *Spiegel Online* kommentierte: «Menschliche Sangeskönner halten da zwar spielend mit, allerdings benutzen sie zum Singen auch nicht den Anus.» Gott sei Dank.

1905 trieb es eine Gruppe Forscher auf die Spitze. Für ihre «Studie über das Erhängen» analysierten sie nicht nur 172 echte Todesfälle, sondern probierten das Erhängen in verschiedenen Varianten selbst aus. Insgesamt zwölfmal ließ sich Gerichtsmediziner Nicolae Minovici aufhängen. Für die Wissenschaft. Ein knappes Jahrhundert später machte MTV aus dem Konzept eine Fernsehsendung und nannte sie *Jackass*.[56]

SCHWANZVERGLEICH

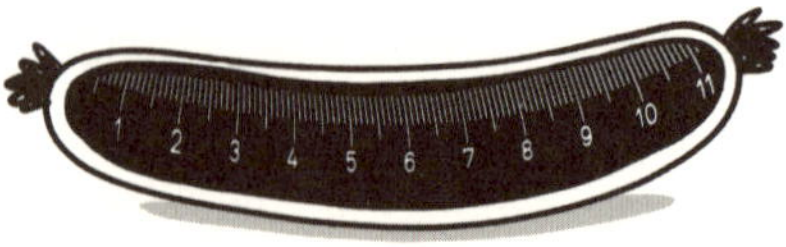

Das Wort Schwanzvergleich ist zu einer Metapher geworden für das Kräftemessen zweier Parteien, egal, ob Männer, Frauen, Kinder, Unternehmen oder Staaten involviert sind. Dabei ist die Metapher ziemlich schlecht gewählt, denkt man an Dieter Bohlen und seinen Penisbruch. Wobei: Die Metapher bezieht sich ja auch weniger auf den Härtegrad als auf die Länge. Nun ja. Zwar gibt es zwischen den beiden Extremen Mikropenis und Pornostar ein relativ breites Spektrum, in dem Größenunterschiede kaum relevant sind, dennoch hält sich die Vorstellung hartnäckig, nur groß tauge etwas.

Gott sei Dank hat die Wissenschaft da ein für alle Mal Klarheit geschaffen. Britische Forscher führten eine Studie durch, Entschuldigung, machten bei 15 000 Männern einen, richtig, Schwanzvergleich. Gerade mal 5 Prozent aller Männer haben einen Penis, der im erigierten Zustand länger als 16 cm ist, fand die Forschergruppe heraus. Solche Längen sind tatsächlich die Ausnahme. Der durchschnittliche Penis ist im erigierten Zustand 13,2 cm, im schlaffen 9,16 cm. Ich würde Sie bitten, Ihre Lektüre an dieser Stelle fortzusetzen, wenn Sie mit dem Nachmessen fertig sind.

Wieder da? Gut. Die Studie konnte auch keine Verbindung zwischen Größe des Gliedes und seiner Performance finden. Insofern haben wir tatsächlich den wissenschaftlichen Beweis: Die Größe ist zweitrangig. Was man damit macht, ist entscheidend.

Was man auf keinen Fall damit machen sollte, ist das, was zwei Männer in Russland machten. Offenbar hatten sie noch nicht von dieser Studie gehört, denn vom Alkohol beseelt, gerieten sie in einer Kneipe in der russischen Republik Bashkortostan in einen Streit darüber, wer den längeren Penis habe. Die beiden Kindheitsfreunde beschlossen am Ende eines zweitägigen Besäufnisses, Fakten zu schaffen, und ließen die Hosen runter.

Um welchen Größenunterschied es sich handelte, ist nicht überliefert. Was wir aber wissen, ist, dass einer verlor. Der geriet über diesen Verlust (untenrum) derart in Wallung (obenrum), dass er völlig ausrastete und seinem Freund eine knallte. Dann schnappte sich der Verlierer die offensichtlich in russischen Kneipen praktischerweise herumstehende Axt und schlug dem Gewinner den Siegerpenis ab. Neben der Niederlage im Schwanzvergleich drohen ihm nun auch acht Jahre Haft. Ich glaube, das ist diese «toxische Männlichkeit», von der alle immer sprechen.[57]

DIE FREUNDE, DIE DEN WELTREKORD FÜR DEN SCHNELLSTEN SARG AUF RÄDERN JAGEN

Bleiben wir beim Thema Schwanzvergleich. Ein bekanntes Sprichwort lautet: «Wenn man an etwas Räder montieren kann, wird es jemand tun.» Okay, das Sprichwort habe ich erfunden, aber es könnte es geben. Zwei Freunde in Perth, Schottland, handelten auf jeden Fall nach dieser Maxime. Ihr Ziel: der Weltrekord für den schnellsten Sarg auf Rädern.

Persönlich weiß ich nicht, was bemerkenswerter ist: dass jemand auf die Idee kommt, Räder an einen Sarg zu montieren, oder dass es in der Kategorie bereits einen Weltrekord zu knacken gibt. Der liegt übrigens bei 62 Meilen pro Stunde. Die beiden Brüder, so erzählten sie dem schottischen *The Courier,* sind zuversichtlich, 90 Meilen zu schaffen. Ursprünglich wollten sie den Sarg auf ein Gokart montieren. Aber dann, berichtet Allan Brand, fiel ihnen ein, dass sie noch einen alten Rover herumstehen hatten.

Sie bauten das Auto auseinander und verwendeten das Fahrgestell für ihren Rennsarg. Wenn alles gut läuft, können sie sich dann in die Garde außergewöhnlicher Rekorde einreihen, zu der zum Beispiel auch der schnellste motorisierte Holzklotz gehört.[58]

DER MANN, DER EINEN REKORD IN EINEM KÜRBIS ERPADDELTE

Ich habe keinen Schimmer, wie manche Rekorde entstehen. Etwa folgendes Beispiel: Ein Mann brach den Rekord für die am längsten gepaddelte Strecke – in einem Kürbis. Was war die Idee dahinter? Alkohol?

Vielleicht liegt es daran, dass ich ein Stadtkind und mit Supermärkten aufgewachsen bin, in denen es nur EU-genormte, alltagsfähige Kürbisse gibt, die man noch einigermaßen in die Einkaufstüte bekommt. Natürlich mutierte Monsterriesenkürbisse kenne ich deshalb nur vom Hörensagen und wäre von selbst nie auf die Idee gekommen, mich in einen Kürbis zu setzen und einen Fluss hinabzupaddeln. Genau das machte Rick Swenson in Minnesota. Er setzte sich in einen Kürbis und paddelte einen Fluss hinab, um den Rekord von 8 Meilen zu brechen, berichtet der *Duluth News Tribune.*

Doch eine halbe Meile vor dem Ziel erreichte ihn die Hiobsbotschaft. Freunde hatten grad herausgefunden, dass der Rekord Wochen zuvor gebrochen worden war – und jetzt bei 15 Meilen lag. «Das hat uns demoralisiert», sagte Rick Swenson der Zeitung. Aber aufgeben war nicht. Er paddelte weiter. Und weiter. Und weiter. Bis er nach fast 14 Stunden Fahrt mit 26 Meilen einen neuen Wahnsinnsrekord aufgestellt hatte.

Rick Swenson bedankte sich bei seiner Familie und Freunden, die ihm in Begleitbooten Gesellschaft geleistet hatten. Noch mal würde er den Versuch nicht unternehmen, erzählte er. Zwischendurch sei es im Kürbis sehr langweilig gewesen.[59]

BEST OF:

ES BLEIBT IN DER FAMILIE

Familien. Man kann nicht mit ihnen, man kann nicht ohne sie. Super, wenn man einen Babysitter mit tadellosem Leumund sucht, nervig bis geradezu ärgerlich an Familienfesten. Der Philosoph Jean-Jacques Rousseau sagte einmal: «Der Reiz des Familienlebens ist das beste Gegengift gegen den Verfall der Sitten.» Dass das nicht zwangsläufig immer der Fall ist, dass, im Gegenteil, die bucklige Verwandtschaft und andere Nahestehende erst der Katalysator für den Sittenverfall sind, zeigen die folgenden, leider sehr wahren Geschichten rund um Familie, Freunde, Liebe und Hass.

Eine Familie besteht in der Regel aus mindestens zwei Personen, und häufig beginnt sie mit der Hochzeit zwischen zwei Liebenden, ein Event, über das Platon schrieb: «Mit der Hochzeit fängt die Abnutzung des Mannes an, für die Frau ist sie ein Zeichen des Aufbruchs.» Allzu wörtlich nahm das ein frischgebackener Bräutigam in Tennessee, und zwar beides: die Abnutzung und den Aufbruch. Michael Smith lieferte sich über 20 Meilen eine Verfolgungsjagd mit der Polizei, in einem Auto, auf dessen Heckscheibe zu lesen war: «Just married.» Als er endlich aufgab, erzählte Smith den Beamten, dass er nach seiner Hochzeit den Kopf habe freikriegen müssen. Er müsse das alles erst einmal verarbeiten, habe quasi eine existenzielle Krise und generell viel um die Ohren. Die Zeit dafür bekam er: in einer Zelle des County-Gefängnisses.

Wenig Zeit brauchte dagegen ein saudischer Bräutigam, um zu dem Schluss zu kommen, dass die Ehe nicht zu seiner Zufriedenheit verlief. Nur wenige Minuten nach der Trauung reichte der Mann die Scheidung ein. Die Begründung: Seine Braut habe nicht von ihrem Smartphone lassen können; selbst dann nicht, als er ihr Zärtlichkeiten angedeihen ließ. Auf die Frage, ob ihr ihre Freunde wichtiger seien als er, antwortete sie mit Ja. Der Versuch einer Versöhnung durch Mediatoren scheiterte.

Mediatoren wären auch bei dieser Familie dringend nötig gewesen: Zwei Brüder gerieten in Streit über eine Unterhose, woraufhin einer der Brüder dem anderen in den Fuß schoss. Zwei weitere Brüder gerieten in einen Streit über einen Cheeseburger, infolge dessen der Jüngere den Älteren «aus Versehen» erschoss.

Ähnlich kulinarisch, aber weitaus glimpflicher ging ein Familienstreit um einen Burrito aus: Die Mutter schlug ihren Sohn, um an das Nahrungsmittel zu kommen, und bekam dann, als sie verhaftet wurde, einen Wutanfall und warf sich auf den Boden. So was kennt man ja vom Süßigkeitenregal eigentlich andersherum.

Keine Angaben zum Motiv und ob Cheeseburger oder Burritos im Spiel waren, gab es im Falle des Geschwisterpaares in San José, das Vater und Mutter in der eigenen Garage erschoss, bevor sie in aller Seelenruhe zu einer Anime-Convention fuhren. Wie man das halt so macht.

Eine Highschool-Lehrerin in Maine wurde verhaftet, während sie ein T-Shirt mit dem Aufdruck «Stoppt häusliche Gewalt» trug. Verhaftet wurde sie wegen häuslicher Gewalt, nachdem sie in einem Streit mit ihrem Mann eine Waffe gezogen und geschossen hatte.

In Kanada riefen besorgte Nachbarn die Polizei zu einem häuslichen Streit. Als die Beamten eintrafen, fanden sie einen Mann, der sich aufs heftigste mit seinem Papageien fetzte. Der Mann gab an, sein Vogel habe ihn blöd angemacht. «Ich hoffe, dass du stirbst», hatten die Nachbarn den Mann schreien hören. Der Papagei blieb unverletzt.

Streit kommt in den besten Familien vor. Aufgrund eines solchen Streits war Xiaoyun 2005 von zu Hause weggelaufen. Ihre Eltern gaben die Hoffnung auf, sie wiederzusehen, und nahmen bald an, dass sie tot war. Doch mitnichten: Bei einer Routinekontrolle entdeckte die Polizei 2015, dass Xiaoyun seit Jahren in Internet-Cafés wohnte und davon lebte, für Geld Online-Spiele zu zocken.

Nur sechs Jahre vermisste die Familie von Matthew Kent ihren Verwandten, der sich 2010 aufmachte, Freunde in London zu besuchen, und nie heimkehrte. Behörden in Spanien fanden ihn. Aber sie verweigerten der Familie sowohl ein Foto als auch sonstige Informationen über Matthew – aus Datenschutzgründen.

Ob dem folgenden Vorfall ein Streit vorausging, ist den Berichten nicht zu entnehmen. Was wir wissen: Stephen Woytack war im Begriff, das Grab seiner Schwiegermutter zu pflegen, als der Grabstein umfiel und ihn erschlug. Die Polizei spricht von einem «schrecklichen Unfall», aber wer weiß das schon?

Vorstellbar ist jedoch, dass die Kinder und Schwiegerkinder einer Familie in Singapur sich wünschen, von Grabsteinen erschlagen zu werden. Denn in dieser Familie ist es (Un-)Sitte, dass die gesamte Verwandtschaft dem ersten Mal des Sohnes beiwohnt. Ein entsprechendes Foto fand virale Verbreitung – der Onkel hatte fotografiert, wie Mutter und Schwester den Jungen anfeuern und beraten, während er in Missionarsstellung auf seiner Liebsten liegt. Dem *East Asia Tribune* erzählte der Onkel, dass er ebenfalls von dieser Tradition profitiert habe: «Ich war dank meiner anwesenden Familie weniger nervös. Sie gaben mir Anweisungen, was ich tun müsste. Ich hatte zunächst Schwierigkeiten, in meine Freundin einzudringen, aber meine Mutter beruhigte mich, ich solle es langsamer angehen lassen und mich entspannen. Bald rutschte ich dann in meine Freundin rein.» Über seinen Schnappschuss ist er glücklich: «Ich drückte auf den Auslöser, kurz bevor der Junge gekommen ist. Es war eine wunderschöne Szene.» Ich glaube, wir haben einen Sieger in der Kategorie *WTF?!*. Aber immerhin bleibt es hier buchstäblich in der Familie …[60]

DIE BABYSITTERIN, DIE DIE KINDER MIT ZUM BANKÜBERFALL NAHM

Wir haben das alle schon mal erlebt: Man hat diesen unwiderstehlichen Drang, eine Bank zu überfallen, aber dummerweise muss man grad auf die Blagen der Nachbarn aufpassen. Allein darf man die Brut nicht lassen, man würde die Fürsorgepflicht verletzen. Also, was tun?

Der *Denver Post* zufolge entschied sich eine Frau für das Naheliegendste: Sie packte die Kids in ihr Auto, fuhr zum Drive-through-Schalter der nächsten Bank und verlangte Geld mit der Begründung, bei ihr im Wagen sitze ein Mann und bedrohe ihre Kinder.

Es ist erstaunlich, wie häufig Menschen ihre Pläne nicht zu Ende denken. Wie oft die erstbeste Idee mit dem bestmöglichen Ausgang verwechselt wird. Mir wären spontan mehrere Haken an der Sache aufgefallen:

1) Im eigenen Auto zum Überfall zu fahren ist nie eine gute Idee.
2) Kinder sind nicht die verlässlichsten Geheimnisträger: «Was habt ihr denn heute mit der Babysitterin gemacht?» – «Wir haben das Zimmer aufgeräumt, dann hat sie uns Makkaroni

mit Käse gemacht, und dann waren wir bei einer Bank und haben Geld geklaut.»

3) Punkte 1) und 2) reichen eigentlich schon.

Wenig überraschend wurde die Frau, die gerade mal 500 Dollar erbeutete, bald darauf gefasst. Ohne Zweifel werden sich ihre Auftraggeber von ihr getrennt haben. Was ein bisschen lustig ist, weil der Ort, in dem diese Geschichte spielt, Severance heißt, englisch für Trennung.[61]

IDENTITÄTSDIEBSTAHL

Das ist sicher, sagten sie. Das funktioniert besser als jede PIN, jedes Passwort, sagten sie. Der Fingerabdruck-Scanner wird das Smartphone revolutionieren, sagten sie. Was soll schon schiefgehen?

Bethany aus Arkansas dachte kurzzeitig, dass ihr Amazon-Account gehackt worden war, als sie Bestellungen im Wert von insgesamt 250 Dollar vorfand, die sie nicht getätigt hatte. Irgendjemand hatte 13 Dinge aus dem Pokémon-Sortiment über ihr Profil gekauft.

Ihre sechsjährige Tochter konnte das «Missverständnis» aufklären. Die Bestellungen seien von ihr, sie sei shoppen gewesen und habe Geschenke für sich gekauft. Während die Mutter schlief, hatte das Kind den Daumen ihrer Erziehungsberechtigten genommen und mit dem Abdruck den Bestellprozess auf dem Smartphone abgewickelt.

Der Fingerabdruck-Scanner wird das Smartphone revolutionieren, sagten sie. Was soll schon schiefgehen?[62]

CRYSTAL METH IM ÜBERRASCHUNGSEI

In den USA haben viele Kinder uneingeschränkt Zugang zu Waffen. Natürlich ist das nicht so beabsichtigt, aber aufgrund der recht laxen Regulierungen besitzen viele Haushalte Waffen, die so schlecht versteckt sind, dass Kinder häufig an sie rankommen. 2015 gab es im Schnitt ein Opfer pro Woche durch den versehentlichen Schusswaffengebrauch eines Kleinkindes. So gut wie jedes dieser Vorkommnisse hätte durch die korrekte Verstauung der Waffe verhindert werden können. Dennoch lehnt eine Mehrheit der Amerikaner strengere Waffengesetze ab.

Diametral dazu verhält sich der Umgang der USA mit Überraschungseiern. Kurz: Die Einfuhr und der Vertrieb der Eier ist verboten, und der Schmuggel wird bestraft. Begründet wird das Verbot mit der Gefahr durch die enthaltenen Kleinteile und die Tatsache, dass von außen nicht zu sehen ist, dass sich innerhalb der Schokolade ein nicht essbares Spielzeug befindet. Zwar bietet ein anderer Hersteller mittlerweile ein ähnliches Produkt an, dieses unterscheidet sich aber dadurch, dass das Schokoladen-Ei eine Öffnung hat, die das Innere offenbart. Das Original bleibt aufgrund der Erstickungsgefahr verboten.

Und so konnte folgende Geschichte auch nicht in den USA spielen, sondern in Europa, wo man Schusswaffen für eine größere Gefahr hält als Überraschungseier. Zumindest bis zu jenem Tag, als ein sechsjähriger Junge in Nordirland beim Spielen die ikonische gelbe Ü-Ei-Verpackung fand. «Doch statt Plastikspielzeug und Schokolade steckte Crystal Meth drin», berichtet die *Hamburger Morgenpost.*

Sein Vater, der eher nicht bereit war, den Blickwinkel von Walter White aus *Breaking Bad* einzunehmen, dass sich hier eine hervorragende Business-Opportunity auftut, war nicht begeistert. Ebensowenig die nordirische Polizei, die in den Medienberichten darauf hinwies, dass es suboptimal sei, wenn Kinder Crystal Meth in Überraschungseiern finden. In diesem Zusammenhang hätte mich dann doch die Meinung der US-Polizei interessiert, denn bei jedem Verständnis dafür, Drogen von Kindern fernzuhalten, kann man Crystal Meth in Überraschungseiern nicht vorwerfen, dass man sich daran verschlucken und ersticken kann.[63]

VERWECHSLUNGSGEFAHR

Weihnachten! Die stimmungsvollste Zeit des Jahres, in der wir zur Ruhe kommen, nachdenken und innehalten können. Wir feiern die Gemeinschaft mit der Familie und Freunden, gutem Essen und tollen Geschenken, hauptsächlich Geschenken natürlich. Ein Geschenk ist etwas Wunderbares. Zumindest, wenn es das richtige ist.

Joel Berman in Oceanside, New York, hatte ein Weihnachtsgeschenk für den Sohn eines Freundes bestellt, ein Spielzeugflugzeug. Als UPS die Lieferung brachte, wollte Joel sie kontrollieren und öffnete sie in Anwesenheit seiner Frau und seiner sechsjährigen Enkelin.

Man kann sich ihre Überraschung vorstellen, als statt eines Spielzeugflugzeugs ein Sturmgewehr samt Sucher, Stativ und Munition zum Vorschein kam. USA halt. Der schockierte Joel brachte schnell seine Enkelin und Frau aus dem Zimmer und rief die Polizei. UPS konnte sich den «höchst ungewöhnlichen Vorfall» nicht erklären.[64]

DER HUND, DER SEINEM BESITZER ZWEIMAL DAS LEBEN RETTETE

Ein Mann aus Quebec machte sich auf eine zweimonatige Reise durch die Wildnis rund um Lake Matagami in Kanada. Im Gepäck: sein Kanu. Seine einzige Begleitung: sein Schäferhund.

Eines Tages wurde sein Zeltlager von dem Besuch eines Bären überrascht. Der Bär war hungrig. Er zerstörte weite Teile des Wander-Equipments, fraß die Vorräte auf und wäre mit an Sicherheit grenzender Wahrscheinlichkeit auf den Mann losgegangen, hätte sich sein Hund dem Bären nicht mutig entgegengestellt. Durch sein aggressives Bellen schaffte es der Hund tatsächlich, den Bären zu vertreiben.

Der Mann verdankte dem Hund sein Leben, aber er war noch lange nicht aus dem Schneider. Im Gegenteil, er befand sich in größerer Gefahr als zuvor: Sein Equipment war zerstört, er hatte so gut wie keine Nahrungsmittel mehr und befand sich in der Einöde, Hunderte Kilometer von der nächsten Zivilisation entfernt. Zudem fielen die Temperaturen unter den Gefrierpunkt.

Bald drohte der Mann zu verhungern. In der Gegend gibt es kaum Pflanzen, die man essen kann. Seine Ausrüstung, um Wild zu jagen, war zerstört. Er sah nur noch einen Ausweg. Der Mann musste seinen geliebten Hund, der den Bären vertrieben hatte, schlachten und essen, damit er überleben konnte.

Nach drei Monaten fand ihn ein Rettungstrupp. Kaum noch ansprechbar, wurde er buchstäblich im letzten Moment in Sicherheit gebracht. Sein Hund hatte ihm zweimal das Leben gerettet.[65]

NEWSTICKER

Oralsex in der S1 – Polizei zieht Pärchen aus dem Verkehr (Hamburger Abendblatt) +++ **Woman accused of shooting boyfriend who rubbed pizza in her face** (NH1) +++ **South Korea's president forced to explain why her office bought hundreds of Viagra pills** (The Independent) +++ **Betrunkene Mainzerin fährt aus Versehen mit Jusos nach Dresden** (Merkurist) +++ **Thieves busted with $ 30K of stolen Nutella** (news.com.au) +++ **Krokodil fällt aus 12. Stock und bricht sich Zahn** (Focus Online) +++ **New £ 5 notes contain animal fat, says Bank of England, drawing anger from vegetarians** (Telegraph) +++ **Pizzahersteller warb mit Adolf Hitler** (Spiegel Online) +++ **USA: 208 Millionen nicht genug – Käsefabrikarbeiter gewinnen Lotterie noch mal** (Shortnews) +++ **PlayStation-Verbot: Junge engagiert Auftragsmörder** (Winfuture) +++ **Hillary Clinton just followed Snoop Dogg on Twitter** (Consequence of Sound)

HUNDSTAGE

Im Zweiten Weltkrieg fragten sich die Russen, wie man denn wohl am besten die Panzer der Wehrmacht bekämpfen könnte. Man kam auf die glorreiche Idee, Hunde mit Minen auszustatten und sie unter die Panzer der Deutschen zu jagen. Was sollte da schon schiefgehen?

Als es dann ernst wurde, ging alles schief. Die Hunde, die mit russischen Panzern trainiert hatten, konnten die Panzer nicht so richtig voneinander unterscheiden und rannten regelmäßig auf die russischen Panzer zu. Darüber hinaus hatten sie immer nur mit still stehenden Panzern geübt. Die rollenden Panzer machten ihnen so viel Angst, dass sie zurück zu den eigenen Soldaten rannten – und ihre menschlichen Kameraden gefährdeten.

Das Panzerabwehrhund-Programm wurde bald wieder eingestellt. Eine noch verrücktere Idee hatte ein Zahnarzt in Amerika. Nachdem er von dem Angriff auf Pearl Harbor gehört hatte, dachte er darüber nach, wie man sich am besten an den Japanern rächen könnte. Sein Plan: Fledermäuse mit Brandsätzen auszustatten und millionenfach über japanischen Städten auszusetzen. Mit minimalem Aufwand maximalen Schaden an der Infrastruktur verursachen.

Zufällig kannte der Zahnarzt die Frau des US-Präsidenten. Und so landete sein Vorschlag beim nationalen Verteidigungskomitee. Die US-Armee prüfte die Idee auf Herz und Nieren und führte sogar Tests durch. Bei einem Test wurden versehentlich mit Brandsätzen versehene Fledermäuse freigelassen, und ein Hangar sowie der Wagen eines Generals gingen in Flammen auf. Kurz darauf wurde das Projekt wieder eingestampft.[66]

BESCHEUERTE GRÜNDE FÜR EINEN KRIEG

Nun bin ich persönlich der Auffassung, dass ein Krieg etwas ist, das man besser lässt. Nüchtern betrachtet, gibt es vermutlich immer wieder mal vertretbare politische Gründe, weshalb man das Bett verlassen und dem Gegner mal ordentlich den Marsch blasen sollte. Aber es gab und gibt immer wieder Anlässe, die selbst nach vier, fünf Gin Tonic und mit zwei zugeschwollenen Augen nicht anders als bescheuert zu bezeichnen sind. Und wir reden hier nicht von bekannten Beispielen wie «Die Trojaner haben uns 'ne Frau geklaut, die holen wir uns jetzt wieder» oder «Google Maps ausdrucken und behaupten dass diese zwei Pixel Massenvernichtungswaffen sind». Wir reden von richtig bescheuert.

Zum Beispiel Kuchen. Ja, Kuchen. In einem Vorort von Mexiko-Stadt wurde das Ladenlokal des französischen Bäckers Monsieur Remontel von plündernden mexikanischen Soldaten verwüstet. Er verlangte Wiedergutmachung, was ihm die mexikanische Regierung verweigerte. Daraufhin schickte Frankreich seine Marine über den Atlantik, blockierte mexikanische Häfen und beschoss eine Festung. Das fand Mexiko nicht so prall und erklärte im November 1830 Frankreich den Krieg. Ein mexikanischer General konnte ein paar Scharmützel für sich entscheiden, verlor dabei aber seinen Unterschenkel. Das amputierte Glied ließ er mit allen militärischen Ehren bestatten. Am Ende konnten die Briten zwischen den Mexikanern und den Franzosen vermitteln, und Monsieur Remontel bekam seine Entschädigung. Bis heute ist diese Episode als der Kuchenkrieg bekannt.

Noch eine Spur bekloppter ist der Ursprung von fast 300 Jahren kriegerischer Konflikte zwischen England und Frankreich. Im 12. Jahrhundert befand sich Ludwig II., ein Franzose, auf dem Kriegspfad und hatte ein schlechtes Gewissen, weil er eine Kirche niedergebrannt hatte oder so. Der Bischof von Paris riet ihm, Abbitte zu leisten, indem er sich seinen Bart abrasierte. Gesagt, getan. Doch als Ludwig II. zu seiner Frau Eleonore heimkehrte, fiel sie aus allen Wolken. Mit diesem Gesicht unter dem Bart hatte sie nicht gerechnet. Was sie sah, gefiel ihr gar nicht. Sie hatte einen Mann mit einem hübschen Bart geheiratet, und jetzt stand *das* vor ihr. Die Ehe wurde kurz darauf annulliert, und sie heiratete Heinrich II. Mit in die Ehe brachte sie ihre weitläufigen Ländereien auf französischem Boden. Den Franzosen gefiel das freilich nicht, und es folgten 300 Jahre Krieg zwischen beiden Ländern. Ich denke oft an diese Geschichte, wenn meine Freundin mir sagt, dass es ihr lieber wäre, ich rasierte meinen Bart nicht ab.

Heiße Luft war der Grund für einen Krieg in der Antike, weiß Herodot in seinen *Historien* zu berichten. Pharao Apries befürchtete eine Revolte durch seinen General Amasis. Apries entsandte einen Botschafter, um den abtrünnigen Feldherrn zur Vernunft zu bringen. Nachdem der Botschafter Amasis die Nachricht überbracht hatte, schnaubte der General auf seinem Pferd verächtlich, hob eine Pobacke und ließ einen Furz fahren, verbunden mit der Bitte, dies dem Pharao entsprechend zu übermitteln. Es ist nicht bekannt, ob der Botschafter die Nachricht mittels eines eigenen Furzes oder lediglich einer Beschreibung desselben überbrachte. So oder so erzürnte die Reaktion den Pharao jedoch so sehr, dass der dem Botschafter Nase und Ohren abhacken ließ. Das trieb den Rest der Bevölkerung in die Arme der Aufständischen, und nach einem kurzen Krieg war Amasis selbst Pharao. Er hatte sich buchstäblich an die Macht gefurzt.

Aber nicht nur die alten Zeiten wissen mit bizarren Gründen für Kriege aufzuwarten. In Libyen gab es kürzlich einen Konflikt zwischen zwei Stämmen. Der mächtige Stamm der Awlad Suleiman warf dem Stamm der Gaddadfa-Familie vor, einer ihrer Affen habe eines ihrer Mädchen angegriffen, ihm den Schal entrissen und es ein paarmal gebissen. Kämpfer der Awlad Suleiman griffen daraufhin den anderen Stamm mit Maschinengewehren und Granatenwerfern an und töteten den Affen. Die Gaddadfa-Familie ließ das nicht auf sich sitzen und schlug zurück. Beide Seiten fuhren schwere Geschütze auf und bekriegten sich mit Mörsern und Panzern, kurz: ein einziger Affenzirkus, am Ende dessen fast zwanzig Tote und unzählige Verletzte standen.

Auch in meinem Heimatort Gibraltar waren Affen schon in Konflikte involviert. Auf Gibraltar leben die letzten freien Affen Europas und die einzig freilebenden Makaken außerhalb Asiens. Bis heute ist nicht geklärt, wie sie dort hingekommen sind. Klar ist aber, dass sie zu bleiben haben. Nicht nur, weil sie ein Touristenmagnet sind. Die Legende will es, dass Gibraltar unter britischem Schutz bleibt, solange die Affen dort leben. Ursprung dieses Mythos könnte die Große Belagerung von 1779 bis 1783 sein. Spanien und Frankreich starteten einen Überraschungsangriff auf den Felsen, und es soll nur den Affen zu verdanken gewesen sein, die die verteidigenden Soldaten durch ihre Affenlaute weckten, dass der Angriff abgewehrt werden konnte. Im

20. Jahrhundert waren die Affen sogar viele Jahrzehnte offiziell als Soldaten in der Armee eingeschrieben. Weniger aufgrund ihrer militärischen Verdienste als zur Kontrolle des Bestands, zum Schutz vor Menschen, aber auch zum Schutz der Menschen vor den Affen. Schließlich sind sie wilde Tiere, die zwar putzig um Nahrungsmittel betteln, aber Menschen durchaus gefährlich werden können. Bis heute genießen die Affen den Schutz der gibraltanischen Regierung. Der Grund, weshalb Spanien auf der einen und das gibraltanische Volk und Großbritannien auf der anderen Seite sich nicht mögen, ist die Tatsache, dass beide den Felsen haben wollen.

Am Ende des Tages ist ein Stein wirklich der bescheuertste Grund, Krieg zu führen.[67]

DER ECHTE CAPTAIN AMERICA

Captain America, der Marvel-Superheld, ist ein unscheinbarer amerikanischer Soldat. Kein Held, wie man sich ihn vorstellt. Nicht gerade das, was das Militär auf dem Wunschzettel gehabt hätte. In einem Experiment wird er in einen Supersoldaten verwandelt, der es mehr oder weniger allein mit einer nicht enden wollenden Flut an Nazischergen aufnimmt, später dann auch mit Aliens und anderen Superschurken. Das ist natürlich Fiktion oder Wunschdenken oder beides; aber tatsächlich gibt es historisch verbrieft eine Person der Zeitgeschichte, die ganz ohne Experiment der Figur des Captain America sehr nahe kommt. Dies ist die Geschichte von Audie Murphy.

Audie Murphy hatte keine Superheldenmaße. Mit seinen 165 Zentimetern und 55 Kilogramm fiel er praktisch durch jedes Raster. Kein Held, wie man sich ihn vorstellt. Unscheinbar. Nicht gerade das, was das Militär auf dem Wunschzettel gehabt hätte, und folglich wollten ihn weder die Marines noch die Navy. Nur die Army hatte keine Skrupel, den jungen Mann in das Chaos des Zweiten Weltkriegs zu entsenden. Damit erfüllte sich für Murphy ein Traum, und nichts, noch nicht mal eine Malariaerkrankung, konnte ihn davon abhalten, für sein Land zu kämpfen. Er konnte sich schnell auszeichnen und wurde schon bald zum Leutnant befördert.

Eines Tages sollte Audie Murphy mit seiner Kompanie eine Stellung halten und gegen die Nazis verteidigen. Seine Einheit von knapp 130 Soldaten wurde innerhalb kürzester Zeit auf 19 dezimiert. Und die nächste Angriffswelle der Deutschen stand kurz bevor. Entgegen jeder Logik schickte Murphy die verbliebenen Soldaten zurück ins Hinterland und versuchte mit Hilfe von zwei Jagdpanzern, die Deutschen aufzuhalten. Allein.

Kurz darauf brannten auch die beiden Panzer. Doch anstatt aufzugeben und sich zurückzuziehen, wie es jeder Soldat mit gesundem Menschenverstand getan hätte, tat Murphy etwas völlig Verrücktes. Er bestieg einen der brennenden Panzer und feuerte mit dem Maschinengewehr auf die deutschen Einheiten, die ihn immer wieder angriffen. Während er selbst bereits schwer verletzt war, wohlgemerkt. Was Murphy nicht davon abhielt, mit einer Hand das MG zu bedienen und mit der anderen via Funk das Artilleriefeuer der Amerikaner zu steuern.

Die Artilleriegranaten zerstörten einen deutschen Panzer nach dem anderen, doch der Leutnant machte weiter und erschoss jeden Nazi, der in sein Blickfeld lief. Auch als Murphys Funkverbindung ausfiel, schoss er weiter. Kurz bevor sein Panzer explodierte, rettete er sich ins Freie, um gleich danach mit einer Handvoll verbliebener US-Soldaten einen Gegenangriff zu starten. Am Ende des Tages waren alle Nazis tot oder geflohen. Murphy hatte die Stellung gehalten. Allein. Irgendwie. Er überlebte den Zweiten Weltkrieg, wurde noch zum Major befördert und spielte sich selbst in *Zur Hölle und zurück*, der Verfilmung seines Lebens.

«They were killing my friends.» Das ist alles, was er antwortete, als man ihn später fragte, weshalb er nicht davongerannt sei, damals, auf diesem Hügel im Zweiten Weltkrieg.

Während er im Krieg fast unwirklichen Mut bewies und übermenschliche Taten vollbrachte, blieb Murphy im Leben danach das Glück nicht vergönnt. Seine Ehe scheiterte, er häufte Spielschulden an und litt zeit seines Lebens an einer posttraumatischen Belastungsstörung, was angesichts des Erlebten fast schon verharmlosend klingt. Audie Murphy war tablettensüchtig und starb bei einem Flugzeugabsturz. Er wurde mit jedem Orden ausgezeichnet, den die Vereinigten Staaten von Amerika vergeben.[68]

DAS HERZOGTUM DER SÖLDNER

Im 14. Jahrhundert sah sich das byzantinische Kaiserreich einer akuten Bedrohung durch aufstrebende Invasoren aus Reihen der Oghusen ausgesetzt. Auftritt Roger de Flor, Abenteurer deutscher Herkunft und Kommandant einer stattlichen Söldnertruppe. Roger de Flor, der eine günstige Gelegenheit erkannte, wenn er sie sah, bot dem byzantinischen Kaiser seine Dienste an, welcher sie dankend annahm, weil es ganz danach aussah, dass sich die Oghusen samt neuem Sultanat in unmittelbarer Nähe häuslich einzurichten gedachten. Auch den bisherigen Auftraggeber der Truppe, den Katalanen, kam dieser Wechsel gelegen, waren gelangweilte, renitente Söldner nicht etwas, was man dauerhaft im Umfeld haben wollte.

So machte sich alsbald Roger de Flor mit seiner katalanischen Kompanie, wie man sie nannte, mit knapp 40 Galeeren, anderthalb tausend Rittern und 4000 Fußsoldaten auf den Weg nach Byzanz. In Konstantinopel angekommen, bestand seine erste Amtshandlung darin, die Nichte des Kaisers zu heiraten und sich zum Megas Doux ausrufen zu lassen, was buchstäblich Megaduke heißt: Mega-Herzog. Wie kann man sich nur so hart gönnen?

Gearbeitet wurde dann aber auch noch. Die katalanische Kompanie zog los und besiegte die Eindringlinge in Anatolien. Sich nicht für Überstunden zu schade, zog die Kompanie dann noch mordend und brandschatzend durch die byzantinische Bevölkerung, was den Kaiser etwas verschnupft zurückließ, denn so, das ließ er der Kompanie ausrichten, habe man nicht gewettet. Darüber hinaus, so der Kaiser, halte man die sogenannte katalanische Kompanie für kaum besser als gemeine Freibeuter und

Räuber. Das tat der Euphorie Roger de Flors jedoch keinen Abbruch, der aufgrund seiner Erfolge mit dem Gedanken spielte, ein eigenes Reich zu gründen, was zu der Zeit recht en vogue war.

Dieses aufsässige Verhalten wollte der Kaiser nicht länger tatenlos anschauen, und so ließ er Roger de Flor ermorden. Überraschenderweise war das nicht das Ende der Kompanie, der der Ausflug ins Byzantinische zu viel Freude bereitete, um aufzuhören, wenn es am schönsten war. Sie trieb weiter ihr Unwesen in der Region, vor allem in Thrakien und Makedonien, ein Landstrich, den sie beinahe vollständig verwüstete.

Bald darauf fiel ihr die «eiserne Festung» und der Süden Thessaliens in die Hände, auf dessen Gebiet sie ihr Herzogtum von Neopatria errichtete, eine Art Kreuzfahrerstaat. Ein Staat gegründet von einem marodierenden ausländischen Söldnerheer. Wenn man nach Syrien und den Irak blickt, hat man das Gefühl, dass sich Geschichte wiederholt.

Roger de Flor hatte, ähnlich wie Moses und das Gelobte Land, nicht mehr die Gelegenheit, die Erfüllung seiner Vision von einem eigenen Reich mit eigenen Augen zu sehen. So blieb ihm aber auch die Ironie der Geschichte verborgen: Die katalanische Kompanie wurde am Ende ausgerechnet von einer anderen Söldnertruppe, der navarresischen Kompanie, besiegt. Das Herzogtum der Söldner war am Ende. Wer weiß, vielleicht wiederholt sich Geschichte ja wieder.[69]

NOKIA IST DIE BESTE VERTEIDIGUNG

Der Wikipedia zufolge wird als ein «geflügeltes Wort ein auf eine konkrete Quelle zurückführbares Zitat bezeichnet, das als Redewendung Eingang in den allgemeinen Sprachgebrauch gefunden hat». Dieser Logik folgend, könnte man als Internet-Meme Dinge bezeichnen, die als Zitat in verschiedenartiger Form (Bild, Zeichnung, Video, Redewendung) Eingang in die allgemeine Internet-Folklore gefunden haben. Der bereits erwähnte «Florida Man» ist beispielsweise ein solches Mem.

Ein weiteres ist die sprichwörtliche Unzerstörbarkeit von Nokia-Handys aus dem letzten Jahrzehnt, insbesondere das Nokia 3310. Im Jahr 2011 postete ein User auf Reddit eine Gegenüberstellung des iPhones der ersten Generation mit dem Nokia 3310. Der Text der Graphik lautete in Bezug auf das iPhone: «Fällt zu Boden – das Display bricht.» Unter dem Nokia stand: «Fällt zu Boden – der Boden bricht.» Aus diesen und ähnlichen Beiträgen sowie der Unverwüstbarkeit dieser Handyserie entstand der Mythos des unzerstörbaren Nokia 3310, es wurde zum Chuck-Norris-Witz der Handys.

Und doch ist die nicht ganz ernst gemeinte Legende rund um Nokia-Handys gar nicht mal so sehr aus der Luft gegriffen. Denn Fox News berichtete von einem Nokia-Telefon, das einem Mann in Afghanistan buchstäblich das Leben gerettet hatte, als es eine Pistolenkugel aufhielt. Freilich ging das Telefon zu Bruch. Aber der Mann überlebte. Ein Mitarbeiter von Microsoft (die Nokia aufgekauft haben) postete ein Bild des Telefons: Die Kugel steckte noch in der Rückwand des Handys.

Aber tatsächlich sind Nokia-Telefone nicht die einzigen, die Kugeln aufgehalten haben. So gibt es Berichte, dass neben dem Nokia Lumia unter anderem auch ein BlackBerry, ein Evo, ein Motorola Razr und ein iPhone ihre Besitzer davor bewahrten, erschossen zu werden. Definitiv ein besseres Preis-Leistungs-Verhältnis als bei manch anderen Smartphones, die einem stattdessen in der Hosentasche explodieren. Wir schauen hier niemanden an.[70]

BEST OF:

DIESE VERDAMMTE ZUKUNFT!

Manchmal kommt der Fortschritt für Menschen völlig überraschend, weil sie, wie im Falle der Schwerverbrecher Michalski und Heckhoff, hinter schwedischen Gardinen waren, während der Fortschritt an ihnen vorüberzog. Als die beiden im Jahr 2009 aus dem Gefängnis ausbrachen, ließen sie sich von einem Taxifahrer erst mal zum Weihnachtsmarkt nach Köln fahren, wo sie Pommes aßen und Sprudel tranken. Wenige Tage später verhaftete die Polizei Michalski auf einem Fahrrad. Der Ausbrecher hatte nicht gewusst, dass man Handys orten kann. Diese verdammte Zukunft!

Ein ähnliches Schicksal erlitten die vier Experten, die einen T-Mobile-Store in L. A. überfielen und iPhones und iPads entwendeten. Ruck, zuck hatte die Polizei die Gauner eingefangen – dank der GPS-Koordinaten der gestohlenen Geräte.

Ein Mann in Connecticut hielt sich für besonders schlau. Eine Frau hatte eine einstweilige Verfügung gegen ihn erwirkt, nach der er sich ihr auf einen gewissen Abstand nicht nähern durfte. Haha, dachte er sich, das gilt ja nur für das echte Leben, nicht aber fürs Internet. Gilt es leider doch: Er wurde verhaftet und verurteilt, nachdem er sein Stalking-Opfer via Facebook «angestupst» hatte. Anstupsen galt vor Gericht als Stalken. Ein Satz, den keiner unserer Großeltern verstehen würde.

Bleiben wir auf Facebook: Ein Apartmentkomplex in Salt Lake City schrieb in seinen Mietvertrag hinein, dass die Mieter die Facebook-Seite der Anlage zu liken hätten. Das löste einen Proteststurm aus: Genau das wollten die Mieter eben nicht. Frei nach Tocotronic: Aber hier liken? Nein, danke!

Gute Erfahrungen mit den sozialen Medien machte ein Mann aus Ottawa in Halifax. Als er nach einer Sauftour aufwachte, stellte er fest, dass er zwar noch im Besitz seiner Schuhe und Unterwäsche war; seine Hose hatte er allerdings nicht mehr. Ärgerlich. Vor allem, weil er anlässlich des 80. Geburtstages seiner Großmutter in der Stadt war. Und ohne Hose gratuliert es sich nicht so gut. Das Problem: Der Mann hatte einen Filmriss. Er konnte sich nur vage an den ersten Teil des Abends erinnern. Was dann passiert war und wo die Hose sein könnte, darauf konnte er sich keinen Reim machen. Zumal die Überwachungskamera seines Hotels tatsächlich bestätigte, dass er ohne Hose zurückgekehrt war. Also wandte er sich an das Publikum auf Reddit, ein Aggregator für Nachrichten und Beiträge von Nutzern. Er eröffnete einen Beitrag mit dem Titel *Please help me find my pants*, also: *Helft mir, meine Hose zu finden.* Mit Erfolg: Nutzer der Plattform entdeckten die Hose einen knappen halben Kilometer von seinem Hotel entfernt. Dank des Internets konnte der glückliche Mann behost seiner Oma gratulieren.

In China vermittelt eine Online-Plattform zwischen Menschen, die einen Kredit brauchen, und möglichen Kreditgebern. Als Sicherheit verlangten dabei einige, dass sich junge Frauen nackt mit einem Personalausweis in der Hand fotografierten. Sie drohten, die Fotos an Familie, Freunde und Bekannte zu senden, falls man mit der Zahlung in Verzug käme. Doch es kam noch schlimmer: Das Fotoportal war nicht ausreichend gesichert, und die Fotos landeten trotzdem im Netz.

Apropos Fotos: Offenbar sind unsere neuen Overlords, die Algorithmen, bereits so menschlich, dass sie sich oberflächlich und rassistisch verhalten können. Als Richard Lee, ein 22-jähriger Student, einen neuen Pass beantragte und sein Foto hochlud, sagte ihm das Programm, dass das Foto nicht den Kriterien genügte. Begründung: Seine Augen seien geschlossen. Richard Lee ist gebürtiger Taiwanese. Er nahm's mit Humor. Nach einem Gespräch mit dem Außenministerium – und nachdem die Geschichte viral gegangen war – erhielt Richard Lee unverzüglich seinen neuen Pass.

Irgendwas ist immer: Während selbstfahrende Fahrzeuge eine Zukunft heraufbeschwören, in der Unfälle der Vergangenheit angehören, eine Vision also, die man durchaus als Fortschritt bezeichnen könnte, sehen Krankenhäuser die Entwicklung nicht ganz so positiv. Denn schon jetzt gibt es einen Mangel an Spenderorganen. Ein Großteil ist dabei den Opfern von Fahrzeugunfällen zu verdanken – die in einer unfallfreien Zukunft wegfallen würden. Irgendwas ist immer.

Spielzeuge, die reden können, gab es bereits in meiner Jugend. Puppen einer amerikanischen Firma allerdings hatten ein Programm, das weitaus stärker mit den spielenden Kindern interagierte. So fragten die Puppen unter anderem nach Namen, Alter, Wohnort, und die dazugehörige App lernte aus diesen Angaben, um noch besser mit den Kindern reden zu können. Das Problem: Eine der beteiligten Firmen war ein sogenannter Defence Contractor, also ein Unternehmen aus der Rüstungsindustrie. Viele

Eltern waren nicht so begeistert, dass ihre Kinder mit einer Puppe interagierten, die alle Daten an die Rüstungsindustrie weitergab.

Vor allem das Internet der Dinge aber macht vielen Menschen Angst: Geräte, die via App über das WLAN gesteuert werden können. Ein Sicherheitsexperte von Panasonic schlug vor kurzem Alarm, weil eines ihrer Smart-Geräte – ein WC – potenziell gehackt werden konnte. Richtig gelesen: Theoretisch war es möglich, dass Hacker die Kontrolle über die Toilette übernehmen und im falschen Moment spülen oder einen dieser modernen Bidet-Wasserstrahlen ferngesteuert abfeuern. Zweifellos gruslig – noch ganz andere Implikationen aber hat das Internet der Dinge in der nächsten Story.

Nachdem wir in diesem Buch bereits Tiere als Zeugen hatten, darf jetzt auch Alexa nicht fehlen, die künstliche Intelligenz, die Amazon's Echo steuert. Ein WLAN-fähiges Haushaltsgerät, das im Prinzip eine sprachgesteuerte Suchmaschine und primitiver Concierge-Service für zu Hause ist. In einem Mordfall in Arkansas hofft die Polizei, dank des Echos eines Verdächtigen Beweise für die Tötung des Opfers zu finden. Die Behörden werfen dem Mann vor, einen Freund im Whirlpool erdrosselt zu haben. Sie hoffen nun, dass das Echo versehentlich im Tatzeitraum aktiviert worden sein könnte – und so womöglich die Tat aufgezeichnet habe. Während es zum Redaktionsschluss dieses Buchs unklar war, inwiefern Amazon kooperieren würde, hatte das Internet der Dinge schon ein Indiz geliefert: Eine Smart-Home-App hatte verzeichnet, dass der Tatverdächtige um die Tatzeit herum außergewöhnlich viel Wasser verbraucht hatte. Vielleicht, um die Spuren eines Mordes fortzuspülen? Fun Fact am Rande: Der Verdächtige heißt Bates – wie der Mörder aus Hitchcocks *Psycho*.

Die vielleicht beunruhigendste Schlagzeile der vergangenen Jahrzehnte, der Kreis schließt sich quasi, Stichwort Zukunftsverweigerung: Das Nuklearwaffen-Arsenal der USA wird durch ein IBM-Series-1-Computersystem sowie 8-Zoll-Disketten aus den achtziger Jahren kontrolliert, so ein offizieller Bericht des *United States Government Accountability Office.* Gesteuert werden mit diesen Museumsstücken unter anderem «Interkontinentalraketen, Atombomben und Tankflugzeuge». Immerhin: Vor einem Trojaner müssen die Streitkräfte vermutlich keine Angst haben. Und Skynet dürfte ebenfalls an einer Übernahme scheitern.[71]

DER HELLSEHER

Wo wir doch grad von der Zukunft sprechen: Vorhersagen über die Zukunft, also über gesellschaftliche Entwicklungen im Spannungsfeld von Technologie und Wissenschaft, sind eine Disziplin, die man unter dem Begriff Zukunftsforschung zusammenfasst. Einer der bekanntesten Zukunftsforscher Deutschlands ist Matthias Horx.

Vorweg: Natürlich ist Matthias Horx kein Hellseher. Er gibt auch nicht vor, hellsichtig zu sein. Sein Metier ist das Erkennen und die qualitative Einordnung von Trends. Dass man ohne magische Fähigkeiten zwangsläufig auch mal danebenliegt, ist nur folgerichtig.

Trotzdem entbehrt es nicht einer gewissen Ironie, wenn ein Zukunftsforscher in wesentlichen Entwicklungen der Technikgeschichte in medial weit verbreiteten Zitaten so irrte. Beispiel:

2001 prognostizierte Horx im *Standard*, das Internet würde kein Massenmedium. Es würde kaum weiter wachsen und vor allem «Akademikern, Selbstständigen und hoch Gebildeten» vorbehalten bleiben. Das Internet sei schlichtweg zu kompliziert. Definitiv ein Volltreffer, diese Prognose.

2010 sprach Horx wieder mit dem *Standard.* Und sagte Folgendes: «Von Facebook wird in fünf bis sechs Jahren kein Mensch mehr reden.» Tjo. Hat auch nicht so geklappt.

Fünf Jahre später gab Matthias Horx *RP Online* ein Interview und wurde wieder um Prognosen gebeten. Zum Thema künstliche Intelligenz befragt, sagte Horx: «Das ist Sci-Fi, keine Wirklichkeit.»

Hm. Nur ein Jahr später musste Microsoft ihre künstliche

Intelligenz, den Bot Tay, löschen, nachdem sich der maschinenlernende Algorithmus in einen Hitler und Inzest liebenden und an Verschwörungstheorien glaubenden Teenager verwandelt hatte, der auf Twitter einen veritablen Meltdown hinlegte. Nur ein Jahr später bestellten in den Vereinigten Staaten zahllose Amazon-Echo-Smart-Home-Geräte (Sie wissen schon, Internet der Dinge und so) selbständig Puppenhäuser. Ein Nachrichtensprecher hatte darüber berichtet, dass ein Mädchen mittels Amazon Echo ein Puppenhaus bestellte. Diese Passage löste im ganzen Land eine Massenbestellung aus.

Herr Horx, ich weiß nicht. Ein Algorithmus, der zu einem pubertären, wankelmütigen Teenager mit Protesthaltung mutiert und dann durchdreht. Algorithmen, die ihren Halter einen ironischen Streich spielen. Das ist vielleicht nicht intelligent. Aber es klingt zutiefst menschlich, wenn ich ehrlich bin.[72]

ANALOGE ENTSCHLÜSSELUNG

Großbritannien bringt das Kunststück fertig, gleichzeitig eine Demokratie und ein Überwachungsstaat zu sein. Knapp 4 Millionen Kameras überwachen so gut wie jede Ecke der Insel – das Verhältnis Überwachungskamera zu Bürgern liegt bei 1:14. Rekord! Zehn Prozent der Bevölkerung sind forensisch in einer DNA-Datenbank erfasst. Und mit der Data Retention and Investigatory Powers Bill haben die Geheimdienste Zugriff auf fast alle elektronischen Kommunikationswege der Briten. Unter anderem hackten sie sich in die Computer ein und konnten so via Webcam regelmäßig Bilder der Person davor machen. Konsequenterweise beschwerten sich die Beamten bald über zu viel «unerwünschte Nacktheit».

Doch eine Herausforderung schien der Londoner Polizei zu groß für modernste Abhörtechniken: die PIN-Sperre und Verschlüsselung des Smartphones eines Verdächtigen. Um dennoch an den Inhalt des Geräts zu kommen, wählten sie eine Old-School-Methode, einen analogen Weg.

Die Beamten folgten dem Verdächtigen in Zivil und warteten, bis der Mann telefonierte – womit er praktischerweise sein Smartphone entsperrt hatte. Daraufhin spielte ein Polizist einen Taschendieb und «klaute» ihm das Gerät. Die anderen Polizisten stellten den «Dieb» nach einer kurzen Verfolgungsjagd. Das anschließende Verhör des vermeintlichen Diebes und das Gespräch mit dem Verdächtigen nutzten sie, um die Inhalte vom entsperrten Telefon herunterzuladen. Erstaunlicherweise ist es in England zwar illegal, einen Menschen zur Entsperrung seines Telefons zu zwingen, aber völlig legal, das bereits entsperrte Telefon so lange «wach» zu halten, bis man einen Durchsuchungsbefehl vorlegen kann. Das nenne ich mal eine «Brute-Force-Attacke».[73]

ASOCIAL MEDIA

Jeder kennt einen Menschen, der schon mal auf ein Fake-Profil hereingefallen ist. Der sich mit einem Account anfreundete, das sich als gefälscht herausstellt. Manchmal entspricht das Profilbild nicht dem echten Aussehen. Oder wesentliche biographische Angaben stimmen nicht. Was bestenfalls zu gebrochenen Herzen und Enttäuschung führt. Schlimmstenfalls zu einem Verbrechen: Betrug, Entführung, Mord.

Eines der außergewöhnlichsten Beispiele für *Catfishing,* wie es umgangssprachlich heißt, wenn man im Internet vorgibt, jemand anders zu sein, ist der Fall von Natalia Burgess aus Neuseeland. Wahrscheinlich gehört sie zu den verrücktesten Social-Media-Serienkillern – ohne jemals jemanden tatsächlich umgebracht zu haben.

Natalia Burgess legte über Monate hinweg Dutzende Fake-Profile hübscher junger Frauen an. Sie investierte viel Zeit in den Aufbau und die Pflege der Accounts. Den erfundenen Mädchen gab sie Namen wie Becca Maria Jullienne oder Abby Jane Zoe William. Natalia Burgess verwendete Fotos fremder Mädchen. Später freundete sie sich mit jedem ihrer falschen Profile online mit Jungs an, mit dem erklärten Ziel, aus Freundschaft eine Online-Beziehung werden zu lassen.

Hatte sich ein Junge verliebt, kam der entscheidende Punkt in ihrem Plan: Sie ließ ihr Fake-Profil besonders tragisch «sterben», entweder durch einen «Unfall» oder durch «Suizid». Der Todesfall wurde durch ein weiteres Fake-Profil bekanntgegeben. Zahlreiche Jungs wurden dadurch traumatisiert; manche wollten es nicht glauben, dass sie getäuscht worden waren, und hinterließen herzzerreißende Trauerbotschaften auf den Pinnwänden ihrer vermeintlichen Freundinnen.

Über vierzigmal zog Natalia Burgess diese Masche ab. Sie wurde zu zwei Jahren und zwei Monaten Gefängnis verurteilt.[74]

RUHEBEREICH

Eine Zeitlang bin ich sehr häufig Zug gefahren. Sehr häufig im Sinne von «Die BahnCard 100 hatte ich bereits im Mai wieder raus»-häufig. Aus dieser Zeit weiß ich: Menschen sind die nervigsten Geschöpfe des Universums. Vor allem, wenn es Menschen im Zusammenhang mit Mobiltelefonen und Ruhebereichen in Zügen sind. Und es sind nämlich eben nicht Geschäftsleute, die in der Hinsicht sündigen. Die wissen in der Regel, was im Ruhebereich Gesetz ist. Wenn es nicht gerade der schwäbelnde Pharmavertreter ist, dem ohnehin alles egal ist, gehen Geschäftsleute entweder von vornherein in ein anderes Abteil oder aber telefonieren entsprechend kurz und leise.

Das Schlimmste, was einem nach einem langen Vorabend auf einer lästigen Zugfahrt, die man am liebsten schlafend verbringen wollte, passieren konnte, waren Privatpersonen, die etwas zu erzählen hatten, und zwar dem Menschen am anderen Ende der Leitung. Der offensichtlich schwerhörig war. Und jedes Detail wissen wollte. Jedes. Selbst das intimste. Entweder gehen solche Menschen davon aus, dass niemand mithört (Fun Fact: Das macht man nicht freiwillig, aber ab 120 Dezibel hat man als unbeteiligter Waggonnachbar keine verdammte Wahl!), oder sie sind völlig schamlos. Beides spricht für die vollständige Vernichtung der Menschheit.

Insofern kann ich Dennis Nicholl aus Chicago völlig verstehen, der sich einen eigenen Störsender bastelte, mit dem er den Empfang der Mitreisenden sabotierte. Nachdem ein verdeckter Ermittler dank Zeugenaussagen dem Mann auf die Schliche gekommen war, wurde er verhaftet. Augenscheinlich ist es verboten,

Störsender zu betreiben. Der Anwalt von Dennis Nicholl gab der Presse zu verstehen, sein Mandant habe einfach nur ein bisschen Ruhe auf seiner Fahrt zur Arbeit gewollt. Das ständige Telefonieren der Mitreisenden sei schwer zu ertragen gewesen.[75]

DER MANN, DER DIE FILMZENSUR-BEHÖRDE ÄRGERTE

Die englische Filmzensurbehörde ist unter Cineasten berüchtigt. Das British Board of Film Classification, wie es offiziell heißt (früher: British Board of Film Censors), ist die freiwillige Selbstkontrolle des Vereinigten Königreichs und versteht sich als Tugendwächter. Während die Behörde ihre strengen Kriterien in den letzten Jahren aufgeweicht hat, sind ihr in den Jahrzehnten seit ihres Bestehens einige Klassiker zum Opfer gefallen.

Zum Beispiel *... denn sie wissen nicht, was sie tun*, ein anerkanntes Meisterwerk mit James Dean. Der Grund: Man befürchtete, es würde die Jugend zu Aufsässigkeit anstacheln. Auch *Apocalypse Now* und *Der Pate* wurden lange Zeit nur einem erwachsenen Publikum zugänglich gemacht. Ein heute als Kulturgut angesehener Horrorfilm wie *Das letzte Haus links* war 30 Jahre lang gar verboten.

Das führte dazu, dass manche Produzenten der Behörde ihre Filme gar nicht mehr vorlegten, zum einen, weil sie Zensur oder ein Verbot befürchteten, zum anderen, weil es unter Genre-Fans einer Auszeichnung gleichkam, im Vereinigten Königreich nicht vertrieben werden zu dürfen. Tatsächlich lässt sich das British Board of Film Classification seine Kontrollen teuer bezahlen. 9,33 Euro pro Minute kostet es den Produzenten, sich einer Freigabeprüfung zu unterziehen. Was manche Independent-Filmer vor eine schier unlösbare Hürde stellt.

Das dürfte den Briten Charlie Lyne motiviert haben, auf ganz besondere Art und Weise die Zunft der Filmemacher zu rächen. Via Kickstarter sammelte er Geld für seinen Film, genauer gesagt:

Er sammelte Geld, um die Gebühren für die Zensurbehörde finanzieren zu können. Über 6000 Pfund kamen zusammen, sodass Lyne sein Meisterwerk zur Freigabe vorlegen konnte. *tagesschau* beschreibt seinen Film folgendermaßen: «Farbe beim Trocknen. Auf einer Ziegelwand. In cinematographisch einwandfreier Qualität. 607 Minuten lang.»

Die Behörde muss sich jede Minute der Filme anschauen, die sie prüfen. Ich kann mir vorstellen, dass das 607 sehr, sehr lange Minuten waren.[76]

DIE FRAU, DIE BEI MCDONALD'S IM HOCHSTUHL STECKEN BLIEB UND VON DER FEUERWEHR BEFREIT WERDEN MUSSTE

Häufig ist die Schlagzeile schon die ganze Geschichte. Nicht immer verbirgt sich dahinter mehr, nicht immer benötigt man mehr Details, um befriedigt aufzulachen und zu murmeln: Kannste dir nicht ausdenken, so was. Aber manchmal möchte man mehr wissen. Und in manchen Fällen versteckt sich hinter der Schlagzeile eine weitere Geschichte, noch spannender als der ursprüngliche Aufhänger.

Man kennt das ja: Lange Partynacht, Heimweg, kleiner Hunger, McDonald's lockt, ausgelassene Stimmung, Übermüdung. Wer um vier Uhr morgens bei McDonald's nie auf dumme Gedanken gekommen ist, hat nicht gelebt. Maria MacLennan, 27, landete morgens um vier mit Freunden in einem Fastfood-Restaurant im schottischen Dundee und kam auf einen solchen dummen Gedanken. Ihren Freunden (und den etwa 40 anderen Nachtschwärmern im Lokal) wollte sie ihr Paradekunststück präsentieren: als 27-jährige Frau in einem Hochstuhl für Kinder Platz zu finden. Es kam natürlich, wie es kommen musste.

Die Überschrift (und die Schlagzeile) nehmen das Ende der Geschichte vorweg. Sie blieb stecken, und die Betreiber der Filiale mussten die Feuerwehr rufen, die Maria MacLennan aus ihrer unglücklichen Lage befreite. Witzig, keine Frage, aber die Formel *x bleibt in y stecken und muss von z befreit werden* allein rechtfertigt noch nicht die Aufnahme in ein Kompendium unglaublicher Geschichten. Was mir in dem Bericht der schottischen Zeitung *The*

Courier ins Auge stach, war eine Randnotiz über den beruflichen Hintergrund der Frau.

Maria MacLennan ist nämlich nicht nur dafür bekannt, morgens um vier bei McDonald's Kunststücke zu versaubeuteln, nein, sie hat sich vornehmlich in der Forensik einen Namen gemacht. Genauer gesagt: in der forensischen Juwelierarbeit. Zusammengefasst geht es darum, anhand von Schmuck Informationen über das Opfer eines Verbrechens oder einer Katastrophe abzuleiten, die zur Identifikation führen. Dabei helfen ihr ihre langjährigen Erfahrungen als Schmuckdesignerin. Über ihren Zweig, der auch Gegenstand ihrer Doktorarbeit ist, sprach sie bereits bei TEDx, im Library of Congress in den USA, vor dem Scottish Institute for Policing Research und der europäischen Forensik-Expo. Auch das FBI, das NYPD, die Harvard Medical School und der weltbekannte Juwelier Tiffany haben Interesse an ihrer Forschung angemeldet. Maria MacLennen ist weltweit die erste Person, die sich diesem Feld widmet, und hat die große Chance, die Zukunft der Forensik zu prägen. Es ist ihr zu wünschen, dass das die Geschichte ist, die von ihr hängenbleibt. Denn seien wir ehrlich: In einem Hochstuhl kann jeder stecken bleiben. Vorbild für eine neue Crime-Serie zu werden, das muss man erst mal schaffen.[77]

BEST OF:

«OH, FOR FUCK'S SAKE!»

Albert Einstein wird die Behauptung zugeschrieben, dass nur zwei Dinge unendlich seien: das Universum und die menschliche Dummheit. Beim Universum sei er sich allerdings nicht so sicher. Durchforstet man die täglichen Agenturmeldungen, wird deutlich, wie sehr Einstein recht hatte. Ich kann gar nicht zählen, wie häufig ich meinen Schreibtisch durchs Zimmer schmeiße und rufe: «Oh, for fuck's sake!», was englisch ist für: «Um Himmels willen, Leute, das kann doch wirklich nicht euer gottverdammter Ernst sein!»

In China musste die Feuerwehr anrücken, weil ein Mann in einer Waschmaschine steckengeblieben war. Mit seinem Kopf. Weil er sie überprüfen wollte. Während sie lief. Die Feuerwehr brauchte 40 Minuten, um ihn mit einem Schweißbrenner zu befreien. Bis auf ein paar Schrammen überstand er das Ganze unverletzt. Karma ist manchmal echt ungerecht.

Ein Vater streamte aus Versehen die Geburt seines Kindes live bei Facebook. Er habe erst hinterher gemerkt, dass sein Stream nicht auf «privat» gestellt war. 46 Minuten lang konnte die ganze Welt der Geburt beiwohnen. Auch die Leute vom Jugendamt, die prompt vorbeikamen, um das Neugeborene mitzunehmen. Jemand hatte den Vater aus einem mutmaßlichen Vorfall mit häuslicher Gewalt wiedererkannt und anonym angezeigt. Kaum hatte es das Kind zur Welt gebracht, musste das frischgebackene Elternpaar darum kämpfen, das Kind wiederzubekommen.

Sieben Jahre nach der Tat wurde das volltätowierte Gangmitglied Anthony Garcia für einen Raubmord festgenommen. Garcia, den alle nur «Chopper» (engl. für Helikopter) nennen, war zunächst aufgrund einer Ordnungswidrigkeit verhaftet und fotografiert worden. Als ein unbeteiligter Polizist kurz darauf bei einer Recherche durch Fahndungsfotos blätterte, fiel ihm eine bildgewaltige Tätowierung auf einem der Männer – Garcia – auf: Ein Helikopter schießt vor einem Schnapsladen auf eine Erdnuss. Erdnuss ist ein Codewort für rivalisierende Gangmitglieder. Der Polizist stutzte. Die Tätowierung erinnerte ihn an einen seiner ungelösten Fälle: den Mord an einem Gangmitglied in einem Schnapsladen. So kam es, dass Anthony Garcia sieben Jahre nach dem Schnapsladen-Mord an Juan Juarez festgenommen werden konnte. Und er, ganz allein, war schuld daran. Es gibt eigentlich nur drei Regeln: 1) Kehre nie an den Ort des Geschehens zurück, 2) besorge dir ein Alibi, und 3) tätowiere dir nicht den gottverdammten Tatort, die Tat und das Opfer auf die Brust. Idiot.

Apropos Tätowierungen: Carl McCoid hat sich 29 Miley-Cyrus-Tattoos stechen lassen. Denen gibt er die Schuld an vielen erfolglosen Dates. Dem *Hull Daily Mail* sagte er, dass Gespräche sich immer nur um seine Tätowierungen drehen würden. Deshalb lasse der 43-Jährige sie sich jetzt nach und nach entfernen. «Sie verhält sich albern, und ich möchte damit nicht in Verbindung gebracht werden», sagt der Typ, der sich 29 Miley-Cyrus-Tattoos hat stechen lassen.

Verhängnisvolle Tätowierungen, die Dritte: Ein Passant wurde auf der Straße überfallen. Der Polizei konnte er eine ziemlich genaue Beschreibung des Täters geben, da dieser keine Maske trug – trotz seiner auffälligen Tätowierungen. Unter anderem hatte er sich das Alamo ans Kinn stechen lassen, das Fort, um das im texanischen Bürgerkrieg eine legendäre Schlacht gefochten wurde. Bei einer Gegenüberstellung konnte der Täter so leicht wiedererkannt werden.

Ein Mann in Florida wurde im Rahmen einer allgemeinen Verkehrskontrolle von der Polizei angehalten. Weil er mit einem Alkoholtest nicht einverstanden war, lief er davon und sprang stattdessen von der Brücke. Er überlebte.

Jack Williams jr. brauchte Cash. Was liegt näher, als ein paar Überfälle und Raubzüge zu begehen? Blöd nur, wenn man beim anschließenden Fluchtversuch feststellt, dass man die Autoschlüssel im Fluchtfahrzeug eingesperrt hat. Williams jr. wurde kurz darauf gefasst. Randnotiz: Eine der Ortschaften, in denen er seine Taten beging, heißt Chagrin Falls. *Chagrin* ist englisch für Enttäuschung.

In Florida wurde einem Mann vorgeworfen, eine Jugendliche durch ihr Schlafzimmerfenster beobachtet und gestalkt zu haben, während sein zehnjähriger Sohn mit freiem Zugang zu zwei geladenen Waffen allein zu Hause war.

Paul Thomas Steiner war aus dem Gefängnis ausgebrochen. Zwei Wochen lang suchte ihn die Polizei vergeblich. Er meldete sich schließlich selber bei der Polizei, um anzuzeigen, dass ihn jemand angegriffen und geschlagen hatte. Die Polizei nahm seine Anzeige bereitwillig auf. Dann nahm sie ihn fest.

In Zürich staunten Polizisten nicht schlecht, als ein Radfahrer in ihren Streifenwagen krachte. Sie stellten seine Personalien fest. Nicht nur war er rotzbesoffen, er wurde per Haftbefehl gesucht und war auf einem gestohlenen Fahrrad unterwegs. Sie nahmen ihn fest.

Ruhestörung. Eine unangenehme Geschichte, vor allem, wenn es sich um die Sorte Ruhestörung handelt, bei der die Nachbarn dem enthemmten Geschlechtsverkehr frönen und einen daran teilhaben lassen. Reuben Cook aus Albuquerque hielt es nicht länger aus. Weil seine Nachbarn so laut Sex hatten, zündete er seine Wohnung an. Der Polizei gab er Auskunft, dass er gehofft habe, die Nacht im Gefängnis verbringen zu können, damit er die Nachbarn nicht mehr hören müsste. Die Polizei nahm ihn gerne fest.[78]

«DER AAL ERLITT EINEN SCHOCK»

Wenn man nicht gerade Musiker ist, von Anfang an dabei war oder ohnehin schon Superstar ist, muss man eine Menge dafür tun, auf YouTube zum Klickmillionär zu werden.

So versuchte beispielsweise ein YouTuber-Pärchen, Aufmerksamkeit zu erlangen, indem die Frau auf ihren Mann schoss, der sich eine Enzyklopädie vor die Brust hielt. Der Schuss ging nach hinten los, im übertragenen Sinne. Buchstäblich starb er, und die Frau sah einem Verfahren wegen Totschlags entgegen.

Aber auch im Pornogeschäft geht es um immer höher, immer schneller, immer weiter, immer spektakulärer. Das wurde einer chinesischen Frau zum Verhängnis. Auf der Suche nach dem nächsten Kick für mehr Klicks beschloss sie, sich vor laufender Kamera einen Aal einzuführen. Sie stülpte ihm ein Kondom über und verschaffte ihm dann vaginal Zutritt zu ihrem Körper. Oder wie die *Mopo* zu Recht fragte: «Was ist nur in diese Frau gefahren?» Dass diese Frau mit Nachnamen «Moumou» heißt, halte ich für einen glücklichen Zufall.

Wie dem auch sei: Erschrocken trat der Aal die Flucht nach vorn an und verschwand auf Nimmerwiedersehen in den Untiefen der Frau. In einer Not-OP mussten Ärzte das Tier befreien. Die Frau wurde von der chinesischen Anti-Porno-Polizei festgenommen. Und der Aal? Er erlitt einen Schock.[79]

DER PILZ, DER AUF RAUPEN WÄCHST

Farmer und Yak-Hüter in Tibet haben in den letzten Jahren umdisponiert. Sie ernten den chinesischen Raupenpilz.

Der chinesische Raupenpilz ist genau das, wonach er sich anhört: Die Sporen des Pilzes befallen nichts Böses ahnende Raupen, töten sie und wachsen dann auf ihnen, sich auf Kosten der Raupe von ihr ernährend. Ihr Sammelfruchtkörper wächst als Stiel aus dem Boden heraus, wo er dann von den Sammlern gepflückt wird. Der Pilz wird sowohl als Delikatesse angeboten wie auch als Inhaltsstoff in der Traditionellen Chinesischen Medizin, die sich ja vor allem dadurch auszeichnet, reichen Chinesen und Europäern die Genitalien vom Aussterben bedrohter Tierarten als Allheilmittel gegen Krebs und kreisrunden Haarausfall anzudienen.

Weil es immer mehr Irre gibt, die zu viel Geld und zu wenig Skepsis besitzen und Ammenmärchen richtiger Medizin vorziehen, warnen Umweltschützer vor den Langzeitfolgen der übermäßigen Ernte des chinesischen Raupenpilzes. Dabei fügt sich der Mensch hier nur in die Parasiten-Nahrungskette ein. Freilich am Ende auf Kosten seiner selbst.[80]

ZÄHNE AUS ZWEITER HAND, FAST WIE NEU, MINIMALE GEBRAUCHSSPUREN

Viele Science-Fiction- und Horrorgeschichten ranken sich um die Trope, dass Menschen um ihrer Organe oder Körperteile willen andere Menschen jagen. Egal, ob *Alles, was wir geben mussten* (man hält sich Klone, um später die Organe zu ernten), *Die Insel* (man hält sich Klone, um später die Organe zu ernten), *Turistas* (man fängt Touristen, um ihre Organe zu ernten) oder *Dirty Pretty Things* (man tauscht Organe gegen eine Aufenthaltserlaubnis), die Idee, dass Teile des menschlichen Körpers als Ressource gehandelt werden, ist alt – und längst nicht mehr Science-Fiction.

Die *Daily Mail* berichtet von dem Verdacht, dass Tausende Kriminelle in China zu Lebzeiten um ihre Organe erleichtert werden, die man dann an Transplantationstouristen verkauft. In Indien gibt es einen florierenden Schwarzmarkt für den Organhandel; Tausende Menschen aus ärmeren Bevölkerungsschichten verkaufen Nieren & Co. freiwillig oder werden zwecks Organentnahme entführt. Und erst 2015 boten zwei Männer in China ihre Nieren im Tausch gegen ein iPhone 6s feil.

Noch viel weiter will der bereits erwähnte italienische Arzt gehen, der (natürlich) in China die erste Kopftransplantation durchführen möchte. Der *Independent* beschreibt die Prozedur nüchtern: «During the procedure, the donor and patient will each have their head sliced off their body in a super-fast procedure. The transplanted parts will then be stuck together with glue and stitches.» Easy. Kritiker sehen mindestens zwei Probleme: Ein Neurologe befürchtet, dass der Rezipient der Körperspende im Falle einer erfolgreichen Transplantation vermutlich einfach komplett durchdrehen wird. Und Menschenrechtler hegen den Verdacht, dass die Chinesen einem Kriminellen gegen seinen Willen seinen Körper nehmen werden. Wie ich eingangs sagte: Das Konzept des Menschen als Organressource für Privilegierte ist alt. Sehr alt.

Ein gewisser John Hunter, ein gescheiterter Arzt, legte 1771 einen Zahn zu und revolutionierte die dentale Technik. Einige seiner Lehren haben bis heute Gültigkeit, wie die Bezeichnung der Zähne im Mund, die noch immer in Gebrauch ist. Doch einer seiner Vorschläge scheint in Retrospektive eher dem Kopf des *Hostel*-Regisseurs entsprungen. Die Idee:

Da die Zahnpflege damals hauptsächlich daraus bestand, bei jedem kräftigeren Nieser die neuen Lücken im Gebiss nachzuzählen, schlug er vor, man möge die eigenen, verfaulten Beißerchen durch jene von toten oder, wenn alle Stricke rissen, armen, aber lebenden Menschen ersetzen. Ein regelrechter Hype entstand. Menschen, die ohnehin nichts zu beißen hatten, verkauften ihre wertvollen Zähne an die dekadente Oberschicht. Clevere Geschäftsmänner konnten pro Nacht Zehntausende Pfund Gewinn mit den aus Gräbern gestohlenen Zähnen machen. Der Höhepunkt war die Schlacht in Waterloo. Der Lärm von Kanonen und Schusswaffen war kaum verklungen, berichtet der *Daily Express*, da wilderten sich Plünderer durch die Zahnreihen der 50 000 Gefallenen. Bald war der Markt derart übersättigt, dass sich selbst die Mittelschicht ein Secondhandgebiss leisten konnte.

Doch der Fortschritt zog schon bald diesem Trend den Zahn, und so ist diese Passage der Geschichte eher was für den History-Channel. Was man über den Organhandel leider nicht sagen kann.[81]

DIE TÖDLICHE PAMELA

«Pamela Anderson soll versucht haben, Julian Assange mit einem veganen Sandwich umzubringen», titelte die Website *AV Club*. Hintergrund: Aufgrund einiger kryptischer Tweets der Plattform Wikileaks machte kurzzeitig das Gerücht die Runde, dass Julian Assange gestorben sei. Zuvor hatte Pamela Anderson die ecuadorianische Botschaft besucht, in der Assange wohnt. Im Gepäck hatte sie ein veganes Sandwich.

Donald-Trump-Fans und Verschwörungstheoretiker zählten schnell eins und eins zusammen: Pamela Anderson hatte im Auftrag von Hillary Clinton, die unter den Enthüllungen von Wikileaks litt, Julian Assange mit einem Sandwich vergiftet. Logisch. Immerhin hatte Hillary Clinton einmal mutmaßlich gefragt, ob man Assange nicht einfach mit einer Drohne ausschalten könne. Da der Plan nicht aufgegangen war, spekulierten Menschen im Internet, dass Plan B zum Tragen gekommen war: Die *Baywatch*-Ikone war mit einem vergifteten Sandwich in die Botschaft geschickt worden. Schließlich hatte Pamela in einem Interview selbst gesagt, Julian habe (im Scherz) behauptet, die Schauspielerin wolle ihn mit einem veganen Essen foltern.

Nun, Julian Assange starb nicht, und das Ganze entpuppte sich recht schnell als Hoax.

Doch: Warum ein Sandwich? Warum nicht im Namen der gerechten Sache ein Selbstmordattentat, zum Beispiel durch hineingeschmuggelten Sprengstoff? Schließlich ist Pamela Anderson die Königin der Brustimplantate, und das Schmuggeln mit Hilfe solcher Implantate gehört ja mittlerweile zum guten Ton. Verschwörungstheoretiker sind doch sonst so kreativ.

In den letzten Jahren wurden wiederholt Frauen verhaftet, die Drogen mit Hilfe ihrer Brüste zu schmuggeln versuchten: zum Beispiel in Medellín (1,4 Kilogramm Kokain), in Bogotá, (1,5 Kilogramm Kokain), in Frankfurt (1 Kilogramm Kokain), bereits 2012 in Barcelona (1,3 Kilogramm Kokain) oder später in Madrid (1,7 Kilogramm Kokain), wo die Frau sich durch die «komische Form» ihrer Brüste verdächtig machte. Und 2013 warnten Sicherheitsexperten vor Terroranschlägen durch in Brustimplantaten transportierten Sprengstoff.

Insofern war die ganze Sandwich-Gift-Nummer ohnehin nicht besonders glaubwürdig. Wenn wir schon bei Verschwörungstheorien sind: Vermutlich waren die Gerüchte um Pamela Anderson, die Julian Assange umzubringen versuchte, der billige Versuch der internationalen Fleisch-Illuminaten, den veganen Lebensstil zu diskreditieren. Weiß nur wieder keiner.[82]

BEST OF:

VON WEGEN ALTES EISEN

Es gibt viele gute Gründe, sich über alte Menschen aufzuregen. Wenn sie freitagabends um 18 Uhr einkaufen gehen zum Beispiel, obwohl sie die ganze Woche Zeit haben. Oder für den Brexit stimmen. Gleichzeitig sind viele ältere Menschen mit ihrer Lebenserfahrung und ihrem Beitrag zur Gesellschaft ein unschätzbarer Teil unser aller Leben. Vor allem sollten wir sie nicht unterschätzen, wie die folgenden Geschichten beispielhaft zeigen.

Janet Lane, eine 68-jährige Dame aus Torquay, war in jungen Jahren eine begeisterte Läuferin. Das konnten die drei juvenilen Delinquenten freilich nicht wissen, die ihr ihre Handtasche entrissen. Ohne mit der Wimper zu zucken, nahm die Rentnerin die Verfolgung auf. Vom Geschrei der älteren Dame verschreckt und mit der Tatsache überfordert, dass sie so schnell war wie die 15-Jährigen, ließen sie die Tasche fallen.

Ebenfalls in England, in Northampton, spielte sich ein Juwelenraub ab, erfahren wir im *Tagesspiegel.* Männer, die mit Motorrädern vorgefahren waren, bearbeiteten die Front eines Juweliergeschäfts mit Vorschlaghämmern. Das wissen wir, weil Passanten aus sicherer Entfernung das Ganze mit ihrem Smartphone filmten, wie man das heutzutage so macht. Eine 70-jährige Dame jedoch hatte entweder kein Smartphone, genug vom Leben oder einfach nur drei Eier mehr als alle anderen. Sie rannte über die Straße und schlug mit ihrer Handtasche auf die sechs (!) Täter ein. Völlig überrascht versuchten die Männer zu fliehen. Endlich griffen auch die anderen Passanten ein. Fünf der verhinderten Juwelenräuber konnten gefasst werden.

In Wien kostet es 36 Euro, wenn man dabei erwischt wird, dass man die Häufchen seines Hundes (oder Haufen, je nach Hund) nicht entsorgt. Dafür gibt es an strategischen Punkten in der gesamten Stadt Spender für Gackerlsackerl, also schwarze kleine Tüten. Aber nicht in allen Staaten ist das große Geschäft der kleinen Vierbeiner derart reguliert. In Polen, zum Beispiel, scheint es in der Hinsicht ein Defizit zu geben, wie man einem YouTube-Video entnehmen kann. In dem ist zu sehen, wie ein älterer Herr eine Dame auffordert, das Geschäft ihres Hundes zu entsorgen. Sie weigert sich. Der alte Mann lässt sich allerdings nicht entmutigen und beschließt, die Gerechtigkeit selbst in die Hand zu nehmen. Buchstäblich. Er bückt sich, hebt das Häufchen auf und wirft es ihr ins Gesicht. Dann, wie Menschen in Filmen, die sich nie nach Explosionen umdrehen, entfernt er sich – und verpasst, wie die entrüstete Dame noch einmal volle Möhre in die Hinterlassenschaft ihres Hundes steigt. Der das Ganze mit wedelndem Schwanz beobachtet. Nicht der Held, den wir verdient haben, aber der, den wir brauchen.

Apropos Hunde: Ein Hund in Chicago sah sich im Garten

einer Meute Kojoten ausgesetzt. Die Raubtiere hatten den kleinen Vierbeiner umzingelt und waren gerade dabei, mit dem Zermalmen desselbigen zu beginnen, als die 84-jährige Nachbarin Wind von der Sache bekam. Sie stürmte aus dem Haus, schrie die Kojoten an und zog deren Aufmerksamkeit auf sich. Durch den Lärm konnte der kleine Hund ins Haus flüchten, und die Kojoten trollten sich.

Auf der Facebook-Seite der Greater Manchester Police findet sich indes diese schöne Geschichte: Eine 86 Jahre alte Frau hatte Geld abgehoben, um im Supermarkt einzukaufen. Eine unbekannte Frau folgte ihr in das Geschäft und forderte sie auf, das Geld herauszurücken. Das sah die ältere Dame überhaupt nicht ein. Sie schnappte sich eine Packung Bacon – Bacon (!) – und schlug der Unbekannten damit mehrfach über den Kopf. Entmutigt ergriff die gescheiterte Diebin die Flucht. Die ältere Dame blieb unversehrt und wurde auf Facebook zur Heldin.

Eine ältere Dame in Dagestan hütete gerade die Kühe und Schafe des Dorfes, als sie die Hilfeschreie eines Kalbes hörte. Sie entdeckte einen Wolf, der im Begriff war, das Kalb zu reißen. Die Frau lenkte die Aufmerksamkeit auf sich, und der Wolf griff sie an. Er verbiss sich in ihren Arm. Unbeirrt schlug die Frau zurück. Wortwörtlich. Resolut hieb sie dem Tier eine Axt über den Kopf und trieb den Wolf in die Flucht. Zwar wurde sie beim Angriff verletzt, hatte aber trotzdem noch die Kraft, dem Sender Sky News das Geschehene anschaulich zu erklären.

Und zu guter Letzt darf die ältere Dame nicht unerwähnt bleiben, die im Neuen Museum zu Nürnberg ein Kreuzworträtsel vervollständigte. Leider handelte es sich dabei um Kunst, ein wertvolles Exponat, ein Kunstwerk des Fluxus-Künstlers Arthur Köpcke. Dieser hatte das Kreuzworträtsel mit der Legende «Insert Words» versehen, in etwa: «Bitte ausfüllen». Das nahm die ältere Dame wörtlich und setzte die fehlenden Begriffe mit einem Kugelschreiber ein. Das Museum war nicht begeistert. Ich sage: Alles richtig gemacht. Und ich finde, man sollte hinsichtlich des Urheberrechtes schauen, ob ihre Bearbeitung die notwendige Schöpfungshöhe besitzt, um sie zur Künstlerin dieses Werkes zu machen.[83]

DAS MÄDCHEN, DAS DIE KRÄHEN ZÄHMTE

Dies ist die rührende Geschichte der achtjährigen Gabi, die ich auf der Website der BBC entdeckte. Gabi hat sich mit Krähen angefreundet. Sie füttert sie regelmäßig, und die Krähen bedanken sich mit kleinen Geschenken, die sie ihr bringen. Fundstücke wie Schrauben, Muttern, aber auch verlorener Schmuck, Glassplitter und sonstiger Glitzerkram.

Alles begann damit, dass Gabi dazu neigte, Essen fallen zu lassen, wenn sie unterwegs war. Ziemlich schnell lernten die örtlichen Krähen, dass es sich lohnte, in ihrer Nähe zu bleiben. Mit der Zeit ließ Gabi den Krähen absichtlich etwas zu knabbern da. Auch stellte sie in ihrem Garten Futterplätze auf. Und die Krähen blieben ihr treu, riefen sogar in froher Erwartung nach ihr.

Und sie bedankten sich mit Sachen, die sie fanden. Gabi sammelt jedes ihrer Geschenke und katalogisiert sie. Dass Krähen ein Verhältnis zu Menschen aufbauen, sei nicht ungewöhnlich, erzählt ein Wissenschaftler im Bericht. Allerdings wäre es beileibe nicht so, dass sie jedes Mal einem Menschen Geschenke machten.

Und so ist die Beziehung zwischen Gabi und ihren Krähen etwas sehr Besonderes. Zumal sie auch das Pech hätte haben können, dass die Krähen ihr Dinge schenken, die sie anderen Krähen schenken würden: tote Vogelbabys zum Beispiel.

Auch Gabis Familie haben die Krähen als Freunde akzeptiert. So erzählt Gabis Mutter, dass sie beim Fotografieren der Krähen die Verschlusskappe der Kamera verlor. Kurz darauf lag sie dort, wo die Vögel ihre Geschenke ablegten. Auf dem Video ihrer Überwachungskamera konnte die Mutter beobachten, wie die Krähe mit der Kappe im Mund auf dem Futterplatz landete und sie sogar in der Futtertränke zu putzen schien. Die Mutter ist überzeugt, dass der Vogel ihr die Kappe absichtlich zurückgebracht hat.

Kein Ding der Unmöglichkeit. Nicht nur sind die Vögel für ihre überdurchschnittliche Intelligenz bekannt. Der Krähenforscher bekräftigt, dass sehr tiefe persönliche Beziehungen zwischen Mensch und Krähe möglich sind. Und kleine Geschenke erhalten bekanntlich die Freundschaft.[84]

DIE SCHÖNSTE RICHTIGSTELLUNG ALLER ZEITEN

Während ich diese Zeilen schreibe, erholt sich die Welt vom Schock eines Trump-Triumphs bei den US-Wahlen und diskutiert über die Rolle von Fake-Nachrichten und Hoaxes aller Art und inwiefern Facebook und seine Filterblasen die Verbreitung von Unwahrheiten begünstigen. Unbestritten haben Algorithmen einen Einfluss auf das, was wir zu sehen bekommen, genau wie die Wahl unseres Freundeskreises (oder Stammtischs) unsere Wahrnehmung in eine bestimmte Richtung lenkt.

Außen vor gelassen wird aber in der Debatte um Fake News, dass Falschmeldungen schon immer Teil der Presselandschaft waren. Freilich haben manche Meldungen größere Konsequenzen als andere, aber gegeben hat es sie, seitdem es Journalisten gibt. Deshalb gibt es die sogenannte Richtigstellung oder auch den medienrechtlichen Berichtigungsanspruch, der dann zum Tragen kommt, wenn eine unwahre Tatsachenbehauptung vorliegt.

Die meines Erachtens schönste aller Richtigstellungen erfolgte im Dezember 2014, und es handelte sich genau genommen weniger um eine Richtigstellung als um die Enthüllung einer Falschmeldung, die der *Guardian* veröffentlichte, nachdem renommierte Blätter die Nachricht mehr oder minder unkommentiert übernommen hatten. Die Schlagzeile des *Guardian* selbst ist eine Perle des Journalismus und soll hier unverändert wiedergegeben werden:

«No, Argentina's president did not adopt a Jewish child to stop him turning into a werewolf.»

Das muss man sich kurz mal auf der Zunge zergehen lassen. In was für einer Welt leben wir, in der der *Guardian* mit einer solchen Schlagzeile aufmachen muss? Websites wie *Haaretz* und *Buzzfeed* hatten in ihren Berichten darauf hingewiesen, dass sich der siebente Sohn einer Familie der Legende nach an seinem 13. Geburtstag in einen Werwolf verwandelt. Die eigentlich seriösen Tageszeitungen *The Independent* und *Telegraph* übertiteln ihren Bericht bis heute so: «President of Argentina adopts Jewish godson to ‹stop him turning into a werewolf›». Die Boulevardblätter *Metro* und *NY Daily News* haben dieselben Überschriften, verzichten aber auf die relativierenden Anführungsstriche. Die Website *The Frisky*, ein Entertainment-Portal für Frauen, schoss den Vogel ab und vermeldete sogar, dass die Adoption erfolgreich war: «Argentinian President Stops Boy From Becoming A Werewolf By Adopting Him.» Ich meine, wenn ich mich in die Situation eines Sensationsjournalisten hineinversetze, kann ich es ja ein Stück weit nachvollziehen. Diese Meldung hat alles: eine skandalumwitterte Politikerin, Werwölfe und sogar einen jüdischen Touch, das Sahnehäubchen jeder verqueren Verschwörungstheorie. Letztlich ist es kein Wunder, dass sich selbst renommierte Medien nicht zusammenreißen konnten.

So sah sich der *Guardian* genötigt, mit einer Richtigstellung aufzuwarten. Und letztlich ist die Geschichte noch nicht mal annähernd so spektakulär, wie viele glauben machen wollten. Tatsächlich werden hier zwei Dinge vermischt. Ja, es gab mal den Aberglauben im 19. Jahrhundert, dass sich siebente Söhne in eine werwolfartige Kreatur verwandeln, um sich von Exkrementen, ungetauften Babys und dem Fleisch der Verstorbenen zu ernähren. Die Angst war so groß, dass manche Familien ihre Söhne ermordeten oder aussetzten. Dieser Mythos beschränkt sich aber nicht auf Argentinien, er ist auch aus Portugal bekannt und findet sich in verschiedenen Märchen wieder. Diese Legende ist jedoch mitnichten der Grund für die Adoption des Kindes. Vielmehr stammt der Brauch aus dem Russland des Zaren. Eine Einwandererfamilie bat den damaligen Präsidenten, den Brauch, den siebenten Sohn zu adoptieren, in Argentinien fortzusetzen. Und auch das mit der Adoption ist relativ: Vielmehr wird der oder die Präsidentin Pate des Kindes, und es erhält eine Goldmedaille und ein Bildungsstipendium. Die Tradition gibt es seit dem Jahre 1907, seit 1973 ist sie offizielles Dekret.

Diese Geschichte illustriert sehr schön, weshalb viele Menschen das Vertrauen in die Presse verlieren oder bereitwillig Falschmeldungen und Lügen weiterverbreiten. Viel zu oft werden die Fakten zugunsten des gefälligen Narrativs zurückgestellt. Dabei ist das so unnötig. Wie dieses Buch beweist, gibt es auch im Rahmen der Wahrheit unzählige Geschichten, die fast so spektakulär sind wie ein jüdischer Junge, der von der argentinischen Präsidentin davor bewahrt wird, sich an seinem 13. Geburtstag in einen Werwolf zu verwandeln.[85]

DER GENTLEMAN-DIEB

Der Gentleman-Dieb ist eine beliebte Trope, vor allem in der Fiktion: Ein Krimineller, der zwar Illegales treibt, dabei aber Manieren und Stil beweist, und so richtig zu Schaden kommt eh kein Unschuldiger. Oft ist die Motivation für die Straftaten sogar hehr und nachvollziehbar, und man fiebert mit dem Dieb mit, denn sosehr man für Ordnung und Gerechtigkeit ist, man bleibt Mensch und wünscht sich ein Happy End. Selbst für einen Dieb. Wenn er ein Gentleman ist.

Als ein wahrer Gentleman, wenn auch nicht potenzielles Mitglied der Vereinigung Mensa, entpuppte sich ein Mann in Florida. Fox 54 berichtet, dass er dabei erwischt wurde, wie er in einem Walmart einen Ladendiebstahl beging. Der Grund für seine Tat: Er wollte die erbeuteten Gegenstände auf dem örtlichen Schwarzmarkt verkaufen, um an Geld zu kommen. Dieses Geld brauchte er dringend, um die Kaution für seine Frau zu hinterlegen, die vormittags selbst wegen eines Ladendiebstahls verhaftet worden war.

Wie ich sagte: nicht der intelligenteste Dieb der Welt. Aber ein Gentleman und perfekter Ehemann dazu. Das nenne ich mal Romantik.[86]

DER GENTLEMAN-HÄFTLING

Apropos Gentleman-Dieb: Als (fast) vorbildlicher Häftling erwies sich ein Mann in Indien, der wegen eines Mordes seit 2014 einsaß.

Als er aufgrund einer Anhörung zum Gericht transportiert werden sollte, gelang es ihm zu fliehen. Die anschließende Fahndung blieb erfolglos und der Häftling verschwunden.

Nach sieben Tagen tauchte er wieder auf und begab sich freiwillig zurück in die Obhut der Behörden: Seine Flucht hatte er für einen Urlaub in Goa mit seiner Freundin genutzt. Angeblich war ein Gesuch, Zeit mit seiner Angebeteten verbringen zu dürfen, abgelehnt worden. Also beschloss er, zu flüchten und Urlaub zu machen.

Die Behörden nahmen ihn dankend zurück.[87]

NEWSTICKER

Linke-Politikerin soll Polizisten mit Blumen attackiert haben (B.Z.) +++ Cudahy Man Appears in Court for Setting Fire to Workplace Because of Spider (CBS 58) +++ Arrested German spy was a onetime gay porn actor – and a secret Islamist (Washington Post) +++ Leak inquiry into leaking of letter warning about leaks (BBC) +++ Arizona Man Trades $160K Diamond for $20 Weed, Cops Say (ABC News) +++ Bishop claims to make men's penises larger by massaging them with his hands (Metro) +++ Police officer charged for slapping man dressed as bunny (Miami Herald) +++ Mann darf in Italien Unterhalt in Form von Pizza bezahlen (Hamburger Morgenpost) +++ Florida alligator caught stealing watermelon (Local10.com)

FRAU LÄSST SICH VON IHREN 20 FREUNDEN 20 IPHONES SCHENKEN, VERKAUFT SIE UND BAUT VON DEM ERLÖS EIN HAUS

Der Titel ist im Prinzip schon die ganze Geschichte, wie sie von Medien wie *BBC* und *VICE* berichtet wurde. Die Frau hatte sich von allen ihrer 20 Liebhaber jeweils ein iPhone 7 schenken lassen. Dann verkaufte sie alle iPhones, um mit dem Erlös die Anzahlung für ein Haus zu leisten, das sie ihren Eltern vermachen wollte.

Viel mehr erfährt man in den Medienberichten nicht, es bleibt ein Restzweifel. Diese Geschichte ist ein gutes Beispiel dafür, dass eine Schlagzeile manchmal doch nicht reicht. Man möchte gerne mehr wissen.

Vielleicht war der eine oder die andere Leser*in auch schon mal in einer Beziehung. Beziehungen, so wissen wir dank der Webseiten-Beschreibung auf ElitePartner, sind harte Arbeit. Und der Lyriker Christian Friedrich Hebbel wusste zu aphorisieren, dass zwei Menschen immer zwei Extreme sind. Will sagen: Bereits eine Beziehung zwischen zwei Menschen ist mit Aufwand verbunden, eine emotionale und logistische Herausforderung. Pro Mensch, der dazukommt, dürfte die Arbeit an einer Beziehung also exponentiell wachsen. Polyamouröse Verflechtungen beschäftigen vermutlich äußerst talentierte Projektmanager. Ich habe mich eh schon immer gefragt, wie Menschen das mit außerehelichen Affären bewerkstelligen, ohne völlig durchzudrehen und sich einweisen zu lassen.

Und ich rede jetzt von der ganz durchschnittlichen, alltäglichen Liebesbeziehung, in der man sich nur einmal am Tag gegenseitig umbringen möchte. Von Beziehungen, in denen man sich derart gewogen ist, dass man sich dazu verleiten lässt, ein iPhone 7 zu verschenken, ganz zu schweigen. Ich meine, wenn man nicht gerade ein Sugardaddy ist, bedeutet so ein Geschenk ja etwas. Das kostet richtig Asche. Da sind ja Verlobungsringe günstiger.

Wie zum Teufel hat diese Frau das also hinbekommen? Nicht nur einmal, nicht nur zweimal, sondern gleich zwanzigmal und im selben Zeitraum? Welch emotionaler, logistischer Kraftakt steckt dahinter? Und gibt sie vielleicht Workshops oder schreibt Bücher? Ich meine, wer das hinbekommt, der kann doch noch ganz andere Probleme dieser Welt lösen, oder?

Das sind die Fragen, die sich mir nach der Lektüre stellten. Und die mir nicht beantwortet wurden. Manchmal ist eine tolle Schlagzeile doch nicht genug.[88]

KOMMT EIN MANN IN EINE BANK

Ein – richtig – «Florida Man» ging 2015 in eine Bank und versuchte, einen Scheck über 368 Milliarden Dollar einzulösen. Ja, er meinte es ernst.

Er hatte einem Obdachlosen namens Tito den Blankoscheck für 100 Dollar abgekauft, der ihn einlud, eine Summe seiner Wahl einzutragen. Also schnappte sich unser Florida Man einen Kugelschreiber, warf sich etwas Mephedron ein und trug die gigantische Summe von 368 Milliarden Euro ein. Als ihm die Bank das Geld mit dem Hinweis nicht auszahlen wollte, dass das Konto nicht gedeckt sei, war der Mann enttäuscht.

Die hinzugerufene Polizei durchsuchte den Mann und fand in seinen Taschen sogenannte *bath salts* (= halblegale, jedoch gefährliche Drogen mit dem Hauptbestandteil Mephedron) sowie einen Haufen Wurfsterne. Die Beamten verhafteten ihn wegen des unerlaubten Besitzes von Waffen und Drogen, aber nicht bevor er allen Beteiligten erklärt hatte, weshalb er diese irrwitzige Summe habe abheben wollen.

Er gab an, 10 Prozent Italiener zu sein. Es sei immer sein Traum gewesen, das beste italienische Restaurant der Welt zu eröffnen. Es sei in seinem Blut, authentisches italienisches Essen zu kochen, und so habe er geplant, ein siebeneinhalb Millionen Quadratmeter großes Restaurant zu bauen, das bis zu 30 Millionen Gäste auf einmal bewirten könne. Zusätzlich sollte das Restaurant unter der Wasseroberfläche sein, damit die Gäste beim Essen Haie beobachten könnten.

Wie Sally aus *Harry und Sally* einst sagte: Ich will das, was er hatte.[89]

DER PINGUIN, DER ZURÜCKKEHRTE

Und manchmal ist die Welt einfach nur ein wunderbarer Ort, an dem magische Geschichten geschehen. Wie die Geschichte von João und Dindim zum Beispiel.

João ist ein Rentner, der in Brasilien lebt. 2011 entdeckte er auf den Felsen am Ufer seiner Insel einen Pinguin, der im Sterben lag. Er war völlig verhungert und mit Öl verklebt. João nahm ihn mit heim. Er fütterte ihn, säuberte ihn vom Öl und pflegte den kleinen Pinguin, bis er wieder bei Kräften war. Es dauerte allein eine Woche, bis er den Vogel vom Öl befreit hatte. João nannte ihn Dindim. Dindim ist ein südamerikanischer Magellan-Pinguin und im Meer rund um Argentinien und Chile beheimatet, 8000 Kilometer von Joãos Dorf entfernt. Nachdem er Dindim wieder aufgepeppelt hatte, setzte er ihn ins Meer, damit er in seine Heimat zurückkehren konnte. João war überzeugt, dass er Dindim nie wiedersehen würde.

Doch wenige Monate später traf João am Strand auf einen Magellan-Pinguin. Der Pinguin schien ihn zu erkennen. Als er João nach Hause begleitete, war klar: Dindim war zurückgekehrt.

Jedes Jahr schwimmt Dindim nun knapp 8000 Kilometer, um João für ein paar Monate zu besuchen, bevor er zur Paarung wieder in seine Heimat zurückkehrt. Kein anderer Mensch darf ihn füttern, geschweige denn streicheln. João aber springt er auf den Schoß, kuschelt mit ihm, folgt ihm überallhin. Und mit jedem Jahr scheint sich Dindim noch mehr zu freuen, seinen menschlichen Freund wiederzusehen.

Wissenschaftler, die die Geschichte beobachten, heben die Einzigartigkeit dieser Beziehung hervor. Sie glauben, dass

Dindim João für ein Familienmitglied hält und deshalb immer wieder zurückkehrt. In der Regel bleibt er für acht Monate und schwimmt dann wieder zurück, bevor er wiederkommt. Jedes Jahr. 8000 Kilometer.

«Ich liebe den Pinguin wie mein eigenes Kind, und ich glaube, er liebt mich auch», sagt João.[90]

Noch mehr kuriose Schlagzeilen und Nachrichten findest du regelmäßig neu auf *UnglaublicheGeschichten.de* – schnell Fan werden! Du kennst eine, von der ich wissen sollte? Dann besuch die Website und schick sie mir!

QUELLEN

1 ‹Kind will nicht ins Bett – Mutter ruft Polizei›, in Süddeutsche Zeitung, unter: http://www.sueddeutsche.de/news/leben/buntes-kind-will-nicht-ins-bett--mutter-ruft-polizei-dpa.urn-newsml-dpa-com-20090101-160317-99-253661 (abgerufen am 27.3.2016

2 ‹Asda criminals steal DVDs by posting them to themselves – from INSIDE the store›, in Liverpool Echo, unter: http://www.liverpoolecho.co.uk/news/liverpool-news/asda-criminals-steal-dvds-posting-8526826 (abgerufen am 26.3.2016); ‹Asda shoplifters posting stolen DVDs to themselves using in-store Post Office›, in The Independent, unter: http://www.independent.co.uk/news/uk/crime/asda-shoplifters-posting-stolen-dvds-to-themselves-using-in-store-post-office-10008709.html (abgerufen am 26.3.2016)

3 ‹Der einsamste Baum der Welt›, in Spiegel Online, unter: http://www.spiegel.de/einestages/akazie-in-der-sahara-der-einsamste-baum-der-welt-a-1115058.html (abgerufen am 12.1.2017)

4 ‹Man seeks fake son to trick aged mother›, in China Daily, unter: http://www.chinadaily.com.cn/china/2016-03/09/content_23802534.htm (abgerufen am 6.6.2016); ‹Chinese father finds a stranger to pretend to be his dead son for family reunion as he can't bear to tell the truth to his aged mother›, in Daily Mail, unter: http://www.dailymail.co.uk/news/peoplesdaily/article-3496996/Chinese-father-finds-stranger-pretend-dead-son-family-reunion-t-bear-tell-truth-aged-mother.html (abgerufen am 6.6.2016)

5 ‹Traffic stop leads to man believed dead since '89›, in CNN, unter: http://edition.cnn.com/2009/CRIME/01/29/faked.death.arrest/index.html (abgerufen am 8.1.2017)

6 ‹Noah screening cancelled due to flooding›, in The Independent, unter: http://www.independent.co.uk/arts-entertainment/films/news/noah-screening-cancelled-due-to-flooding-9246550.html

(abgerufen am 19.5.2016); ‹Driver distracted by moose accident hits moose: Cops›, in Toronto Sun, unter: http://www.torontosun.com/2016/10/14/driver-distracted-by-moose-accident-hits-moose-cops (abgerufen am 15.10.2016); ‹Former head of Helsinki's drug police sentenced to 10 years in jail for running a drug ring›, in Helsingin Sanomat, unter: http://www.hs.fi/kotimaa/art-2000005024973.html (abgerufen am 30.12.2016); ‹Frau geschockt: Totes Huhn in Chicken McNugget entdeckt›, in oe24, unter: http://money.oe24.at/unternehmen/Frau-geschockt-totes-Huhn-in-Chicken-McNugget-entdeckt/261307046 (abgerufen am 6.12.2016); ‹Flying kangaroo fells jogger – in Kangaroo Flat›, in The Age, unter: http://www.theage.com.au/victoria/flying-kangaroo-fells-jogger-in-kangaroo-flat-20160518-goxn3e.html (abgerufen am 18.5.2016); ‹Patrick Edlinger: ‚The god of free climbing' who became a national hero in France›, the Independent, unter: http://www.independent.co.uk/news/obituaries/patrick-edlinger-the-god-of-free-climbing-who-became-a-national-hero-in-france-8374225.html (abgerufen am 19.5.2016); ‹Iraqi migrant who bought a T-shirt saying ‚I'm Muslim, don't panic' is hospitalised by three Islamic asylum seekers who thought he was insulting their religion›, in Daily Mail, unter: http://www.dailymail.co.uk/news/article-3613001/Iraqi-migrant-bought-T-shirt-saying-m-Muslim-don-t-panic-hospitalised-three-Islamic-asylum-seekers-thought-insulting-religion.html (abgerufen am 29.5.2016); ‹Beatle George Harrison memorial tree killed by beetles›, in BBC, unter: http://www.bbc.com/news/entertainment-arts-28417341 (abgerufen am 19.5.2016); ‹Real-life Libya plane hijack halts hijack film shoot›, in BBC, unter: http://www.bbc.com/news/world-africa-38416189 (abgerufen am 29.12.2016); ‹Leader Of Anti-Semitic Party In Hungary Finds Out He's Jewish›, in NPR, unter: http://www.npr.org/2014/05/27/316269140/leader-of-anti-semitic-party-in-hungary-finds-out-he-s-jewish (abgerufen am 19.5.2016); ‹Woman arrested on drug charges after deputies see sign warning ‚snitches' on her front door›, in WSAZ 3 News Channel, unter: http://www.wsaz.com/content/news/Woman-arrested-on-drug-charges-after-deputiessee-sign-warning-snitches-on-her-front-door-396219621.html (abgerufen am 8. 10. 2016); ‹‚Suicide bomber‘ squirrel hospitalizes Chicago politician who spoke out against squirrels›, in Washington Post, unter: https://www.washingtonpost.com/news/morning-mix/wp/2016/11/22/suicide-bomber-squirrel-hospitalizes-chicago-politician-who-spoke-out-against-squirrels/?tid=hybrid_collabo rative_2_na&utm_term=.52d707036757 (abgerufen am 28. 12. 2016); ‹French armed robbers hold up McDonald's full of elite police›, in Politico, unter: http://www.politico.eu/article/french-armed-robbers-mcdonalds-news-police/ (abgerufen am 12. 6. 2016)

7 ‹Achern – Schmerzlicher Verlust?›, in Presseportal Blaulicht, unter: http://www.presseportal.de/blaulicht/pm/110975/3349501 (abgerufen am 12. 6. 2016)

8 ‹Concord man accused of not returning VHS rental 14 years later›, in WSOC TV, unter: http://www.wsoctv.com/news/local/man-arrested-for-not-returning-freddy-got-fingered-vhs-from-2002/177186020 (abgerufen am 26. 3. 2016); ‹North Carolina man arrested for not returning 2001 VHS rental of ‚Freddy Got Fingered‘ could have fine paid by movie's star Tom Green›, in NY Daily News, unter: http://www.nydailynews.com/news/national/nc-man-arrested- not-returning-2001-vhs-rental-article-1.2575812 (abgerufen am 26. 3. 2016); ‹North Carolina man arrested for not returning VHS tape rental 14 years ago›, in Cleveland.com, unter: http://www.cleveland.com/nation/index.ssf/2016/03/north_ carolina_man_arrested_fo.html (abgerufen am 26. 3. 2016); ‹Charges dropped for man accused of not returning ‚Freddy Got Fingered‘ VHS›, in CBS North Carolina, unter: http://wncn.com/2016/04/27/charges-dropped-for-man-accused-of-not-returning-freddy-got-fingered-vhs/ (abgerufen am 27. 4. 2016)

9 ‹Meet the man who spent 12 years trapped inside his body watching ‚Barney‘ reruns›, in Washington Post, unter: https://www.washington-post.com/news/speaking-of-science/wp/2015/01/13/meet-the-man-who-spent-12-years-trapped-inside-his-body-watching-barney-reruns/ (abgerufen am 29. 5. 2016)

10 ‹The Child, Now A Man, Waited 10 Years For This Day Of Revenge›,

in Deadspin, unter: http://deadspin.com/the-child-now-a-man-waited-10-years-for-this-day-of-r-1790623676 (abgerufen am 31.12.2016)

11 ‹St. John's fire hero reunited with girls he saved 65 years ago›, in CBC News, unter: http://www.cbc.ca/news/canada/newfoundland-labrador/ed-malone-stjohns-fire-hero-reunited-girls-1.3898630 (abgerufen am 26.12.2016)

12 ‹Noel Gallagher Spent Years Moving Furniture Around to Make Liam Believe in Ghosts›, in Vice, unter: https://noisey.vice.com/en_uk/article/noel-gallagher-spent-years-moving-furniture-around-to-make-liam-believe-in-ghosts (abgerufen am 8.1.2017); ‹Liam Gallagher has revealed how Noel has tormented him for years over his fear of ghosts›, in The Mirror, unter: http://www.mirror.co.uk/3am/celebrity-news/liam-gallagher-revealed-how-noel-9106235 (abgerufen am 8.1.2017)

13 ‹Scheißtag›, in Wikipedia, unter: https://de.wikipedia.org/wiki/Scheißtag (abgerufen am 22.1.2017)

14 ‹Toilet terror as python bites man's penis while he sits on the loo before bloody battle ensues›, in Daily Mirror, unter: http://www.mirror.co.uk/news/weird-news/toilet-terror-python-bites-mans-8044766 (abgerufen am 2.6.2016); ‹A TOILET in London has been put up for rent for £ 3,000 a month›, in Daily Mirror, unter: http://www.mirror.co.uk/news/weird-news/toilet-london-been-put-up-7725480 (abgerufen am 2.6.2016); ‹Artist will sit naked on toilet for 10 hours at Williamsburg gallery this weekend›, in Brooklyn Paper, unter: http://www.brooklynpaper.com/stories/39/5/dtg-naked-art-toilet-2016-01-29-bk.html (abgerufen am 2.6.2016); ‹Frau wächst auf Toilette fest – Lebensgefährte muss vor Gericht›, in Süddeutsche Zeitung, unter: http://www.sueddeutsche.de/panorama/frau-waechst-auf-toilette-fest-lebensgefaehrte-muss-vor-gericht-1.286852 (abgerufen am 2.6.2016); ‹Man ‚followed family' wearing a clown's nose and a toilet seat around his head›, in Daily Star, unter: http://www.dailystar.co.uk/news/weird-news/516148/Man-toilet-seat-case-paper-mouth-arrest-US (abgerufen am 2.6.2016); ‹Und das mit 5,24 Promille: Mann sprengt im Vollsuff Disko-Klo in

die Luft›, in MSN, unter: http://www.msn.com/de-at/nachrichten/chronik/und-das-mit-524-promille-mann-sprengt-im-vollsuff-disko-klo-in-die-luft/ar-BBxdeNc (abgerufen am 15. 10. 2016); ‹88-Jähriger sezierte Mäuse in seiner Wohnung›, in Spiegel Online, unter: http://www.spiegel.de/panorama/justiz/muenchen-88-jaehriger-sezierte-maeuse-in-seiner-wohnung-a-508273.html (abgerufen am 29. 11. 2016); ‹Swipe right? ‚Toilet paper' for smartphones trialled in Japanese airport bathrooms›, in Guardian, unter: https://www.theguardian.com/world/2016/dec/22/swipe-right-toilet-paper-for-smartphones-tested-out-in-japanese-airport-bathrooms?CMP=fb_gu (abgerufen am 29. 12. 2016); ‹One crappy date; Woman hides poop in purse when toilet won't flush›, in Toronto Sun, unter: http://www.torontosun.com/2016/03/24/one-crappy-date-woman-hides-poop-in-purse-when-toilet-wont-flush (abgerufen am 2. 6. 2016); ‹Fünf Fragen, die das Date aufwirft, bei dem eine Frau ihre Kacke aus dem Fenster warf›, in VICE Austria, unter: https://www.vice.com/de_at/article/8xxykb/funf-fragen-die-das-date-aufwirft-bei-dem-eine-frau-ihre-kacke-aus-dem-fenster-warf (abgerufen am 24. 9. 2017); ‹Man Fired Shot Into Bathroom When Person Took Too Long›, in NBC Connecticut, unter: http://www.nbcconnecticut.com/news/local/Vernon-Man-Arrested-After-Firing-Shot-Into-Bathroom-377737971.html (abgerufen am 2. 6. 2016)

15 ‹Leck mich im Arsch›, in Wikipedia, unter: https://de.wikipedia.org/wiki/Leck_mich_im_Arsch (abgerufen am 29. 12. 2016)

16 ‹Dr. Henry Heimlich uses Heimlich manœuvre for first time at 96›, in The Guardian, unter: http://www.theguardian.com/us-news/2016/may/27/dr-heimlich-performs-heimlich-manoeuvre-for-first-time-aged-96 (abgerufen am 30. 5. 2016)

17 ‹Russian teenager born with no fingers becomes celebrated piano player›, in The Guardian, unter: http://www.theguardian.com/world/2016/apr/19/russian-teenager-born-with-no-fingers-becomes-celebrated-piano-player (abgerufen am 29. 5. 2016); ‹Love for music knows no limits: Fingerless pianist performs incredible pieces in

Russia›, in Russia Today, unter: https://www.rt.com/news/332805-fingerless-pianist-prodigy-russia/ (abgerufen am 29.5.2016)

18 ‹The Man who operated on himself in the Antarctic›, in History's Narrowest Escapes, James Moore, The History Press, 2013

19 ‹Ein Hoch auf die Seilbahn›, in Welt, unter: https://www.welt.de/print/die_welt/article107618268/Ein-Hoch-auf-die-Seilbahn.html (abgerufen am 12.1.2017); ‹Henrietta Carstairs›, in Wikipedia, unter: https://de.wikipedia.org/w/index.php?title=Henrietta_Carstairs (abgerufen am 12.1.2017)

20 ‹Man loses leg shooting rifle at lawn mower packed with explosives›, in Washington Post, unter: https://www.washingtonpost.com/news/morning-mix/wp/2016/03/27/man-loses-leg-shooting-automatic-weapon-at-lawn-mower-packed-with-explosives/ (abgerufen am 13.4.2016); ‹Walton County man's leg severed while blowing up lawn mower›, in Online Athens, unter: http://onlineathens.com/mobile/2016-03-23/walton-county-man-has-leg-severed-while-blowing-lawn-mower (abgerufen am 13.4.2016)

21 ‹Brazilian man dies after cow falls through his roof on top of him›, in The Telegraph, unter: http://www.telegraph.co.uk/news/worldnews/southamerica/brazil/10177786/Brazilian-man-dies-after-cow-falls-through-his-roof-on-top-of-him.html (abgerufen am 26.3.2016)

22 ‹Kuh stieg auf Garagendach und blockierte Sat-Anlage›, in Kurier, unter: https://kurier.at/chronik/niederoesterreich/kuh-stieg-auf-garagendach-und-blockierte-sat-anlage/210.211.309 (unter 15.10.2106); ‹Cow stuck on ROOF is the most bizarre thing you'll see all day›, in Mirror, unter: http://www.mirror.co.uk/news/weird-news/cow-stuck-roof-most-bizarre-3709227 (abgerufen am 15.10.2016); ‹Watch cow jump off ROOF of two storey barn after curious creature gets stuck›, in Mirror, unter: http: //www.mirror.co.uk/news/weird-news/watch-cow-jump-roof-two-7103827 (abgerufen am 15.10.2016); ‹Cow and bull rescued from roof of house by crane – after living up there for four years›, in Metro.co.uk, unter: http://metro.co.uk/2016/09/29/cow-and-bull-rescued-from-roof-of-house-by-crane-after-living-up-there-for-four-years-6159716/ (abge-

rufen am 15. 10. 2016); ‹Kuh stürzt ab – und fällt auf das Dach eines Wohnhauses›, in Der Westen, unter: http://www.derwesten.de/panorama/kuh-stuerzt-ab-und-beschaedigt-regenrinne-eines-wohnhauses-id11810782.html (abgerufen am 15. 10. 2016); ‹Wie kommt diese Kuh aufs Sportheim-Dach?›, in Merkur, unter: http://www.merkur.de/lokales/weilheim/wessobrunn/kommt-aufs-sportheim-dach-2553777.html (abgerufen am 15. 10. 2016)

23 ‹Waschen, scheren, föhnen›, in Mittelbayerische Zeitung, unter: http://www.mittelbayerische.de/panorama-nachrichten/waschen-scheren-foehnen-21934-art1356375.html (abgerufen am 28. 3. 2016)

24 ‹Florida woman fighting to keep fully trained pet alligator Rambo after state says he's too big: ‚He's not a normal gator'›, in New York Daily News, unter: http://www.nydailynews.com/news/national/florida-woman-fighting-trained-pet-alligator-article-1.2565083 (abgerufen am 28. 12. 2016); ‹Florida Man›, in Wikipedia, unter: https://en.wikipedia.org/wiki/Florida_Man (abgerufen am 28. 12. 2016); ‹Pet alligator, Rambo, allowed to stay put in Polk County home›, in ABC Action News, unter: http://www.abcactionnews.com/news/region-polk/pet-alligator-rambo-allowed-to-stay-put-in-polk-county-home (abgerufen am 28. 12. 2016)

25 ‹Texas Gator Kills Man in Orange, Ending a 179-Year Streak›, in Texas Monthly, unter: http://kfdm.com/news/local/alligator-attacks-and-kills-28-year-old-man (abgerufen am 26. 3. 2016); ‹Alligator attacks and kills 28-year-old man›, in KFDM, unter: http://kfdm.com/news/local/alligator-attacks-and-kills-28-year-old-man (abgerufen am 26. 3. 2016)

26 ‹Would-Be Mayor Gracious After Losing to Dog›, in ABC News, unter: http://abcnews.go.com/US/mayor-gracious-losing-dog/story?id=24961792 (abgerufen am 26. 3. 2016); ‹Duke The Dog Elected Mayor In Cormorant, Minn.›, in CBS Local, unter: http://minnesota.cbslocal.com/2014/08/13/duke-the-dog-elected-mayor-in-cormorant-minn/ (abgerufen am 26. 3. 2016); ‹A Cat Mayor Just ‚Announced' His Campaign For Senate In Alaska›, in Business Insider, unter: http://www.businessinsider.com/a-cat-mayor-just-

announced-his-campaign-for-senate-in-alaska-2014-11 (abgerufen am 26. 3. 2016); ‹Bosco, Sunol's dog mayor, lives on in spirit›, San Jose Mercury News, unter: http://www.mercurynews.com/breaking-news/ci_23923692/bosco-sunols-dog-mayor-lives-spirit (abgerufen am 26. 3. 2016); ‹91 Prozent wählten diese Katze zum Bürgermeister›, in Heute, unter: http://www.heute.at/news/welt/91-Prozent-waehlten-diese-Katze-zum-Buergermeister;art23661,1243750 (abgerufen am 8. 10. 2016)

27 ‹Parrot who allegedly witnessed murder says ‚Don't f***ing shoot'›, in Independent, unter: http://www.independent.co.uk/news/world/americas/parrot-who-allegedly-witnessed-murder-cant-stop-saying-dont-fing-shoot-a7063646.html (abgerufen am 4. 6. 2016); ‹Woman found guilty of killing husband in murder witnessed by parrot›, in Stuff, unter: https://www.stuff.co.nz/world/americas/94956746/woman-found-guilty-of-killing-husband-in-murder-witnessed-by-parrot?cid=facebook.post.94956746 (abgerufen am 25. 9. 2017); ‹The Strange Tale of Echo, the Parrot Who Saw Too Much›, in Atlas Obscura, unter: http://www.atlasobscura.com/articles/the-strange-tale-of-echo-the-parrot-who-saw-too-much (abgerufen am 4. 6. 2016); ‹He squawked! Lorenzo the lookout parrot becomes a jailbird after he's arrested for warning drug cartel that police were on the way›, in Daily Mail, unter: http://www.dailymail.co.uk/news/article-1314441/He-squawked-Lorenzo-lookout-parrot-jailbird-hes-arrested-warning-drug-cartel-police-way.html (abgerufen am 4. 6. 2016); ‹Cows help cops catch suspect›, in WITN, unter: http://www.witn.com/content/news?article=382475201 (abgerufen am 12. 6. 2016)

28 ‹Man with monkey on his back – a real monkey – flees from Burien crash›, in The Seattle Times, unter: http://www.seattletimes.com/seattle-news/crime/man-with-monkey-on-his-back-a-emreal-em-monkey-flees-from-burien-crash/ (abgerufen am 8. 5. 2016); ‹Driver Involved In Crash Arrested For Monkey Business›, in Davis Law Group, unter: http://www.injurytriallawyer.com/blog/driver-involved-in-crash-arrested-for-monkey-business.cfm (abgerufen am 8. 5. 2016); ‹Man crashes Car and flees with Monkey on his

back›, in Burien Police Department on Facebook, unter: https://www.facebook.com/BurienPolice/posts/745981558874505 (abgerufen am 8.5.2016)

29 ‹Man gets shock of his life when he buys two toy poodles for $ 150 only to be told by a vet that they are actually GIANT RODENTS pumped up with steroids to look like dogs›, in Daily Mail, unter: http://www.dailymail.co.uk/news/article-2305310/Man-gets-shock-toy-poodles-turn-GIANT-RODENTS-steroids.html (abgerufen am 8.10.2016); ‹Man Comes To Realize His Puppies Aren't Puppies After All›, in The Dodo, unter: https://www.thedodo.com/man-dogs-black-bears-1230085544.html (abgerufen am 15.10.2016)

30 ‹Polish town bans Winnie The Pooh for being half-naked hermaphrodite›, in AV Club, unter: http://www.avclub.com/article/bear-crackdown-continues-polish-town-bans-pooh-bei-212216 (abgerufen am 13.10.2016)

31 ‹Is this little tortoise sick? No madam, it's ceramic›, in News&Star, unter: http://www.newsandstar.co.uk/news/Is-this-little-tortoise-sick-No-madam-its-ceramic-defcdedb-fc8a-4d35-a42b-ddb73cbe4f85-ds (abgerufen am 30.10.2016)

32 ‹Old horse joins pack of mini donkeys to escape slaughter, president of Frisco nonprofit says›, in Dallas News, unter: http://www.dallasnews.com/news/animals/2016/12/29/elderly-horse-poses-mini-donkey-get-rescued-slaughter-president-frisco-nonprofit-says (abgerufen am 31.12.2016)

33 ‹Red Wings fan arrested in Boston after throwing octopus on ice›, in ClickOnDetroit, unter: http://www.clickondetroit.com/sports/red-wings-fan-arrested-in-boston-after-throwing-octopus-on-ice (abgerufen am 20.4.2016); ‹Man throws dog at polar bear to stop it attacking woman›, in Metro.co.uk, unter: http://metro.co.uk/2016/03/03/man-throws-dog-at-polar-bear-to-stop-it-attacking-woman-5731390/ (abgerufen am 20.4.2016); ‹Kevin Rose, Digg Founder, Throws Raccoon That Was Attacking His Dog (VIDEO, GIF)›, in The Huffington Post, unter: http://www.huffingtonpost.com/2013/07/22/kevin-rose-digg-raccoon_n_3635093.html

(abgerufen am 20.4.2016); ‹Jupiter woman throws squid at boyfriend outside bagel shop›, in Palm Beach Post, unter: http://www.palmbeachpost.com/news/crime--law/pbso-jupiter-woman-throws-squid-boyfriend-outside-bagel-shop/zSxNR3pM1EwcQEdoBFnymK/ (abgerufen am 3.12.2016); ‹Man Accused Of Throwing 13-Foot-Long Python At Sushi Bar Customers In Studio City›, in CBS L.A., unter: http://losangeles.cbslocal.com/2016/03/21/man-accused-of-throwing-13-foot-long-python-at-sushi-bar-customers-in-studio-city/ (abgerufen am 20.4.2016); ‹Assault with a deadly weapon: Florida man charged with throwing alligator into Wendy's›, in The Washington Post, unter: https://www.washingtonpost.com/news/post-nation/wp/2016/02/09/assault-with-a-deadly-weapon-florida-man-charged-with-throwing-live-alligator-into-wendys/ (abgerufen am 20.4.2016)

34 ‹Three party boys on night out accidentally end up in Syria›, in Yahoo, unter: https://au.news.yahoo.com/a/31792826/three-party-boys-on-night-out-accidentally-end-up-in-syria/ (abgerufen am 12.6.2016)

35 ‹After years of intensive analysis, Google discovers the key to good teamwork is being nice›, 26.2.2016, in Quartz, unter: http://qz.com/625870/after-years-of-intensive-analysis-google-discovers-the-key-to-good-teamwork-is-being-nice/ (abgerufen am 26.3.2016); ‹Brave Woman Wins Right to Not Work Next to Farting, Feet-Washing Co-worker›, in The Cut, unter: http://nymag.com/thecut/2016/02/farting-feetwashing-coworker.html (abgerufen am 26.3.2016); ‹Federal employee no longer has to put up with flatulent, feet-washing co-worker›, in CTV News, unter: http://montreal.ctvnews.ca/federal-employee-no-longer-has-to-put-up-with-flatulent-feet-washing-co-worker-1.2792165 (abgerufen am 26.3.2016)

36 ‹Police: Man trying to time travel plows car into Florida businesses›, in News3LV.com, unter: http://news3lv.com/archive/police-man-trying-to-time-travel-plows-car-into-florida-businesses (abgerufen am 29.12.2016)

37 ‹Man seeks restraining order against God›, in Times of Israel, unter: http://www.timesofisrael.com/man-seeks-restraining-order-against-god/#comments (abgerufen am 18.5.2016)

38 ‹He'll Raise You From the Dead for $ 1,000›, in The Daily Beast, unter: http://www.thedailybeast.com/articles/2016/03/20/this-prophet-will-raise-you-from-the-dead-for-1-000-dollars.html (abgerufen am 16. 5. 2016); ‹Prophet Mboro loses ‚heaven selfies' phone›, in Nehanda Radio, unter: http://nehandaradio.com/2016/04/08/prophet-mboro-loses-heaven-selfies-phone/ (abgerufen am 16. 5. 2016); ‹Death of Prophet Emmanuel Nyirongo described as a big loss›, in Lusaka Times, unter: https://www.lusakatimes.com/2015/09/22/death-of-prophet-emmanuel-nyirongo-described-as-a-big-loss/ (abgerufen am 16. 5. 2016); ‹Bungoma man dies after trying to fast for 40 days and nights like Jesus›, in Standard Digital, unter: http://www.sde.co.ke/article/2000173066/bungoma-man-dies-after-trying-to-fast-for-40-days-and-nights-like-jesus (abgerufen am 16. 5. 2016); ‹The Story Of A Man Who Likened Himself To The Biblical Daniel By Jumping Into The Lions' Cage And Was Eaten!›, in PM Parrot, unter: http://pmparrotng.com/the-story-of-a-man-who-likened-himself-to-the-biblical-daniel-by-jumping-into-the-lions-cage-and-was-eaten-ui-zoo-boss-dr-jumoke-morenikeji-explains-details/ (abgerufen am 16. 5. 2016); ‹Man arrested in Akwa Ibom for killing aunt›, in Pulse, unter: http://pulse.ng/gist/murderer-man-arrested-in-akwa-ibom-for-killing-aunt-id5093835.html (abgerufen am 1. 6. 2016); ‹Malawi prophet in trouble for ordering women to come to church without wearing pants›, in Pulse.ng, unter: http://pulse.ng/gist/controversy-malawi-prophet-in-trouble-for-ordering-women-to-come-to-church-without-wearing-pants-id5131671.html (abgerufen am 9. 6. 2016); ‹New Orleans Pastor Drops Dead After Telling Congregation, If The Lord Called Me Now I'm Ready›, in Christian Post, unter: http://www.christianpost.com/news/new-orleans-pastor-drops-dead-after-telling-congregation-if-the-lord-called-me-now-im-ready-138754/ (abgerufen am 16. 5. 2016); ‹Prophet fails to resurrect after asking to be buried alive›, in Ghana Web, unter: http://www.ghanaweb.com/GhanaHomePage/religion/Prophet-fails-to-resurrect-after-asking-to-be-buried-alive-427254 (abgerufen am 16. 5. 2016)

39 ‹Dijital oyunlarda ‚Islamofobi' tehlikesi›, in Anadolu Ajansi, unter: http://aa.com.tr/tr/turkiye/dijital-oyunlarda-islamofobi-tehlikesi/660381 (abgerufen am 16.10.2016)

40 ‹Kazakhstan Not Laughing At Ali G.›, in ABC News, unter: http://abcnews.go.com/GMA/story?id=1315240 (abgerufen am 6.6.2016); ‹Borat anthem stuns Kazakh gold medallist in Kuwait›, in BBC, unter: http://www.bbc.com/news/world-middle-east-17491344 (abgerufen am 6.6.2016); ‹Fans erheben ‚Borat' in den Präsidenten-Stand›, in Handelsblatt, unter: http://www.handelsblatt.com/panorama/aus-aller-welt/text-der-kasachischen-nationalhymne-in-internet-enzyklopaedie-geaendert-fans-erheben-borat-in-den-praesidenten-stand/2728620.html (abgerufen am 6.6.2016); ‹Kasachstan dankt Borat›, in Hamburger Abendblatt, unter: http://www.abendblatt.de/vermischtes/kolumne/article107789232/Kasachstan-dankt-Borat.html (abgerufen am 6.6.2016)

41 ‹Man donates almost all of his clothes by accident›, by Fox 25 WFXT, unter: http://www.fox25boston.com/news/man-donates-almost-all-of-his-clothes-by-accident/454553074 (abgerufen am 14.10.2016)

42 ‹Man ‚taken to hospital after waiting 10 days at airport for online lover who never turns up'›, in Independent, unter: http://www.independent.co.uk/news/world/asia/man-waits-airport-10-days-hospitalised-exhausation-after-lover-never-turns-up-a7167876.html (abgerufen am 30.12.2016)

43 ‹CCTV police officer ‚chased himself' after being mistaken for burglar›, in Telegraph, unter: http://www.telegraph.co.uk/news/uknews/crime/9066337/CCTV-police-officer-chased-himself-after-being-mistaken-for-burglar.html (28.12.2016); ‹Zu Wohnungsbrand in Wien gerufen – Cannabispflanzen entdeckt›, in Die Presse, unter: http://diepresse.com/home/panorama/wien/5144647/Zu-Wohnungsbrand-in-Wien-gerufen-Cannabispflanzen-entdeckt (abgerufen am 31.12.2016); ‹30 Squirrels Escape from Zoo, Zookeepers ‚Recapture' 38›, in Time, unter: http://newsfeed.time.com/2012/07/03/30-squirrels-escape-from-zoo-zookeepers-recapture-38/ (abgerufen am 28.12.2016); ‹Man who threw brick at Belfast charity office

injured after brick bounced back into his face›, in Sunday World, unter: http://www.sundayworld.com/news/man-who-threw-brick-at-belfast-charity-office-injured-after-it-bounce (abgerufen am 28. 12. 2016); ‹Man arrested after teaching pug to do a Nazi salute when it heard the words, ‚Sieg Heil'›, in Metro, unter: http://metro.co.uk/2016/05/09/man-arrested-after-teaching-pug-to-do-a-nazi-salute-when-it-heard-the-words-sieg-heil-5870354/ (abgerufen am 28. 12. 2016); ‹Jihadist Humza Ali went paintballing to train to join IS in Syria›, in Sky News, unter: http://news.sky.com/story/jihadist-humza-ali-went-paintballing-to-train-to-join-is-in-syria-10697434 (abgerufen am 29. 12. 2016); ‹Girl dies after being kicked by horse while riding pony›, in Guardian, unter: https://www.theguardian.com/uk-news/2016/apr/04/girl-dies-after-being-kicked-by-horse-while-riding-pony (abgerufen am 29. 12. 2016); ‹And You Thought Your Day Was Bad: Suspects Pocket Dial 911, Discuss Plans To Rob Restaurant … Where Police Chief Was Eating›, in Lex18.com, unter: http://www.lex18.com/story/34038690/and-you-thought-your-day-was-bad-suspects-pocket-dial-911-discuss-plans-to-rob-restaurantwhere-police-chief-is-eating (abgerufen am 29. 12. 2016); ‹Man Dissolved in Acidic Water After Trying to Soak in Yellowstone National Park Hot Pool›, in Time, unter: http://time.com/4574226/man-dissolved-yellowstone-park/ (abgerufen 30. 12. 2016)

44 ‹Ursachen von Kriminalität›, in Bundeszentrale für politische Bildung, unter: http://www.bpb.de/izpb/7735/ursachen-von-kriminalitaet (abgerufen am 7. 12. 2016); ‹Builder turned to fraud after wife ditched him for fake Elvis›, in Seattle Pi, unter: http://www.seattlepi.com/local/crime/article/Builder-turned-to-fraud-after-wife-ditched-him-10619540.php (abgerufen am 7. 12. 2016)

45 ‹Dieb trinkt gestohlene Wodka-Flasche im Supermarkt auf ex›, in Der Westen, unter: http://www.derwesten.de/staedte/hagen/dieb-trinkt-gestohlene-wodka-flasche-im-supermarkt-auf-ex-id12050581.html (abgerufen am 1. 12. 2016)

46 ‹Dead Pole went from morgue back to pub›, in Speisa, unter: http://speisa.com/modules/articles/index.php/item.3428/dead-

pole-went-from-morgue-back-to-pub.html (abgerufen am 1. 12. 2016); <Man wakes up in morgue after ‚dying' on night out>, in Metro.co.uk, unter: http://metro.co.uk/2016/11/30/polish-man-wakes-up-in-morgue-goes-back-to-pub-6292824/ (abgerufen am 1. 12. 2016); <Drunk Russian man declared ‚dead', wakes up in morgue>, in New York Post, unter: http://nypost.com/2015/12/31/drunk-russian-man-declared-dead-wakes-up-in-morgue/ (abgerufen am 1. 12. 2016); <Why waking up in a morgue isn't quite as unusual as you'd think>, in The Guardian, unter: https://www.theguardian.com/commentisfree/2014/nov/14/waking-morgue-death-janina-kolkiewicz (abgerufen am 1. 12. 2016)

47 <Kein Notruf unter dieser Nummer>, in Zeit Online, unter: http://blog.zeit.de/teilchen/2016/11/21/notruf-polizei-berlin-twitter/ (abgerufen am 1. 12. 2016); <Sexhotline mit Freundin verwechselt: Rentnerin ruft Polizei>, in Neue Westfälische, unter: http://www.nw.de/nachrichten/aus_aller_welt/21516945_Sexhotline-statt-Freundin-am-Hoerer.html?em_cnt=21516945 (abgerufen am 26. 12. 2016); <Winder Man Calls 911 to Report Being Invisible>, in Patch, unter: http://patch.com/georgia/barrow/winder-man-calls-911-to-report-being-invisible (abgerufen am 1. 12. 2016)

48 <Troopers: Man mixing LSD and cough syrup saves dog from imaginary fire>, in WNYT.com, unter: http://wnyt.com/news/michael-orchard-man-accused-of-stealing-dog-in-halfmoon-saratoga-county/4291294/ (abgerufen am 1. 12. 2016)

49 <Zirkus fühlt sich von Tierschützern attackiert>, in Süddeutsche.de, unter: http://www.sueddeutsche.de/muenchen/muenchen-zirkus-fuehlt-sich-von-tierschuetzern-attackiert-1.2956878 (abgerufen am 24. 4. 2016); <Oregon Man Tipped Prostitute With Primate Stolen From Pet Store: Police>, in NBC News, unter: http://www.nbcnews.com/news/us-news/oregon-man-tipped-prostitute-primate-stolen-pet-store-police-n561031 (abgerufen am 24. 4. 2016); <England: Verwechslung bei Geburtstagsgeschenk – Stripperin zieht sich vor Schulklasse aus>, in Shortnews / NTV, unter: http://www.shortnews.de/id/687862/england-verwechslung-bei-geburtstagsgeschenk-

stripperin-zieht-sich-vor-schulklasse-aus# (abgerufen am 29. 11. 2016); ‹Lawyer Faces Jail After Being Caught EATING Crucial Piece Of Evidence Against Client›, in Yahoo News, unter: https://www.yahoo.com/news/appetite-for-obstruction-lawyer-eats-evidence-to-091424292.html (abgerufen am 27. 4. 2016); ‹Woman asks police to test her cocaine to see if it's pure, gets arrested›, in Metro.co.uk, unter: http://metro.co.uk/2016/04/27/woman-asks-police-to-test-her-cocaine-to-see-if-its-pure-gets-arrested-5844288/ (abgerufen am 28. 4. 2016); ‹Report: Bus driver swerved to avoid cat, crashed into home injuring 14 students›, in WECT 6, unter: http://www.wect.com/story/32100950/report-bus-driver-swerved-to-avoid-cat-crashed-into-home-injuring-14-students (abgerufen am 1. 6. 2016); ‹Men allegedly switch seats when pulled over, both get drunk driving charges›, in CBC News, unter: http://www.cbc.ca/news/canada/edmonton/men-allegedly-switch-seats-when-pulled-over-both-get-drunk-driving-charges-1.3803620 (abgerufen am 15. 10. 2016)

50 ‹Auto-Zulassung in Handarbeit: Herforderin nutzt Briefmarke als Siegel›, in Neue Westfälische, unter: http://www.nw.de/lokal/kreis_herford/herford/herford/21536115_Auto-Zulassung-in-Handarbeit-Herforderin-nutzt-Briefmarke-statt-TUeV-Siegel.html (abgerufen am 8. 1. 2016)

51 ‹Prosecutor: Woman who set fire to Dollar Tree Store in Kent was ‚upset' there were no shopping carts›, in Q13 Fox, unter: http://q13fox.com/2016/11/16/prosecutor-woman-who-set-fire-to-dollar-tree-store-in-kent-was-upset-there-were-no-shopping-carts (abgerufen am 30. 11. 2016)

52 ‹Amherst Police: Woman attempts to use pizza slice as ID, companion arrested for interfering with cops›, in Daily Hampshire Gazette, unter: http://www.gazettenet.com/Area-Police-News-6202759 (abgerufen am 25. 11. 2016)

53 ‹Two Daimler Shareholders Fight Over Sausage At Company Meeting›, in Jalopnik, unter: http://jalopnik.com/two-daimler-shareholders-fight-over-sausage-at-company-1769484726 (abgerufen am 6. 12. 2016); ‹Sausage Spat Erupts as Daimler Shareholders Battle

at Buffet›, in Bloomberg, unter: https://www.bloomberg.com/news/articles/2016-04-06/sausage-spat-erupts-as-daimler-shareholders-battle-at-buffet (abgerufen am 6. 12. 2016)

54 ‹Man escapes death after crawling from car dangling on cliff edge, only to be hit by a passing bus›, in The Independent, unter: http://www.independent.co.uk/news/world/americas/man-escapes-death-after-crawling-from-car-dangling-on-cliff-edge-only-to-be-hit-by-a-passing-bus-a6967416.html (abgerufen am 14. 4. 2016); ‹California freeway crash: One dead as plane hits car near San Diego›, in BBC News, unter: http://www.bbc.com/news/world-us-canada-35953183 (abgerufen am 14. 4. 2016)

55 ‹Homegrown Threat: FBI Tracks White Supremicists, Domestic Extremists›, in NPR, unter: http://www.npr.org/2015/06/28/418262038/homegrown-threat-fbi-tracks-white-supremicists-domestic-extremists (abgerufen am 7. 12. 2016); ‹FBI Agent Michael German Taught Hollywood How to Get Counterterrorism Right›, in L. A. Weekly, unter: http://www.laweekly.com/film/fbi-agent-michael-german-taught-hollywood-how-to-get-counterterrorism-right-7244235 (abgerufen am 7. 12. 2016)

56 ‹Forscher entwickeln einen faltbaren Roboter aus Schweinefleisch›, in Wired, unter: https://www.wired.de/collection/latest/ein-faltbarer-roboter-kann-batterien-aus-maegen-fischen (abgerufen am 16. 5. 2016); ‹Geplante Kopfverpflanzung: Patient könnte wahnsinnig werden›, in Bild, unter: http://www.bild.de/news/ausland/transplantation/kopf-ab-arzt-canavero-patient-koennte-wahnsinnig-werden-45836664.bild.html (abgerufen am 16. 5. 2016); ‹Polizei tarnt Spionage-Wagen als Google-Auto›, in Futurezone, unter: http://futurezone.at/digital-life/polizei-tarnt-spionage-wagen-als-google-auto/198.712.173 (abgerufen am 16. 5. 2016); ‹Russian Embassy uses Command and Conquer screenshot to represent war in Syria›, in Geek, unter: http://www.geek.com/games/russian-embassy-uses-command-and-conquer-screenshot-to-represent-war-in-syria-1654981/ (abgerufen am 16. 5. 2016); ‹Subordinate Monkeys More Likely To Choose Cocaine Over Food›, in Science Daily, unter:

https://www.sciencedaily.com/releases/2008/04/080406153354.htm (abgerufen am 8. 10. 2016); ‹Tech billionaires think we live in the Matrix and have asked scientists to get us out›, in CNBC News, unter: http://www.cnbc.com/2016/10/07/tech-billionaires-think-we-live-in-the-matrix-and-have-asked-scientists-to-get-us-out.html (abgerufen am 8. 10. 2016); ‹Fische furzen im Dunkeln›, in Spiegel Online, unter: http://www.spiegel.de/wissenschaft/natur/dufte-kommunikation-fische-furzen-im-dunkeln-a-272618.html (abgerufen am 8. 10. 2016); ‹Irres aus dem Labor›, in Zeit Online, unter: http://www.zeit.de/2009/20/N-verrueckte-Experimente/ (abgerufen am 8. 10. 2016)

57 ‹Am I normal? A systematic review and construction of nomograms for flaccid and erect penis length and circumference in up to 15?521 men›, in Wiley.com, unter: http://onlinelibrary.wiley.com/doi/10.1111/bju.13010/full (abgerufen am 29. 10. 2016; ‹Sore loser: Russian man chops off his friend's genitals with an axe after coming second in competition to see who had the largest penis›, in Daily Mail, unter: http://www.dailymail.co.uk/news/article-3623664/Russian-man-chops-friend-s-genitals-axe-losing-penis-measuring-competition.html (abgerufen am 29. 10. 2016)

58 ‹Perth pair's Guinness Book of Records bid for fastest coffin on wheels›, in The Courier, unter: http://www.thecourier.co.uk/news/local/perth-kinross/perth-pair-s-guinness-book-of-records-bid-for-fastest-coffin-on-wheels-1.929956 (abgerufen am 27. 3. 2016)

59 ‹Man paddles pumpkin 26 miles to new world record›, in Duluth News Tribune, unter: http://www.duluthnewstribune.com/news/4138186-man-paddles-pumpkin-26-miles-new-world-record (abgerufen am 29. 10. 2016)

60 ‹New Groom Leads Cops On High-Speed Chase In ‚Just Married' Car›, in Huffington Post, unter: http://www.huffingtonpost.com/entry/just-married-car-new-groom-tennessee_us_56dea06ee4b03a405679b785?2974aemi (abgerufen am 26. 5. 2016); ‹Saudi groom reportedly files for divorce after bride won't get off her cell phone›, in Fox News, unter: http://www.foxnews.com/world/2016/05/17/saudi-groom-reportedly-files-for-divorce-after-bride-wont-get-off-

her-cell-phone.html (abgerufen am 26.5.2016); ‹Man says his brother shot him over a pair of underwear›, in MS News Now, unter: http://www.msnewsnow.com/story/32131951/man-says-his-brother-shot-him-over-a-pair-of-underwear (abgerufen am 4.6.2016); ‹Man kills brother in argument over cheeseburger, police say›, in CNN, unter: http://edition.cnn.com/2016/05/08/us/man-allegedly-kills-brother-over-cheeseburger/index.html (abgerufen am 26.5.2016); ‹Mother punched teen son in face over Taco Bell burrito, police say›, in WSB-TV, unter: http://www.wsbtv.com//news/trending-now/mother-punched-teen-son-in-face-over-taco-bell-burrito-police-say/301000437 (abgerufen am 26.5.2016); ‹San Jose homicide: After killing parents, brothers went to anime convention, prosecutors say›, in The Mercury News, unter: http://www.mercurynews.com/breaking-news/ci_29829842/san-jose-brothers-murder-charges-parents-anime (abgerufen am 26.5.2016): ‹Woman Busted Wearing Meta Message T-Shirt›, in The Smoking Gun, unter: http://www.thesmokinggun.com/documents/crime/stop-domestic-violence-t-shirt-039521 (abgerufen am 26.5.2016); ‹Ontario police break up ‚domestic dispute' between man and pet parrot›, in CTV News, unter: http://barrie.ctvnews.ca/ontario-police-break-up-domestic-dispute-between-man-and-pet-parrot-1.2870885 (abgerufen am 26.5.2016); ‹Chinese woman, 24, who was missing for a decade and presumed dead is found living in an internet cafe after playing games for 10 years›, in Daily Mail, unter: http://www.dailymail.co.uk/news/peoplesdaily/article-3330627/Chinese-woman-24-missing-decade-presumed-dead-living-internet-cafe-playing-games-10-years.html (abgerufen am 27.5.2016); ‹Family of missing man found after six years aren't allowed to know where he is›, in Independent, unter: http://www.independent.ie/world-news/europe/family-of-missing-man-found-after-six-years-arent-allowed-to-know-where-he-is-34725439.html (abgerufen am 27.5.2016); ‹Mother-in-Law's Gravestone Falls on Pennsylvania Man, Killing Him›, in ABC News, unter: http://abcnews.go.com/US/mother-laws-gravestone-falls-pennsylvania-man-killing/ (abgerufen am 27.5.2016); ‹Singapore Family Insist On Observing Son Make

Love For The First Time›, in East Asia Tribune, unter: http://www.eastasiatribune.com/south-asia/singapore-family-insist-on-observing-son-make-love-for-the-first-time/ (abgerufen am 27.5.2016)

61 ‹Colorado babysitter allegedly takes kids to bank robbery›, in The Denver Post, unter: http://www.denverpost.com/news/ci_29899313/colorado-babysitter-allegedly-takes-kids-bank-robbery (abgerufen am 18.5.2016)

62 ‹Child uses sleeping mom's fingerprints to buy Pokémon gifts›, in Cnet, unter: https://www.cnet.com/news/child-uses-sleeping-moms-fingerprints-to-buy-pokemon-gifts/ (abgerufen am 28.12.2016)

63 ‹People are getting shot by toddlers on a weekly basis this year›, in Washington Post, unter: https://www.washingtonpost.com/news/wonk/wp/2015/10/14/people-are-getting-shot-by-toddlers-on-a-weekly-basis-this-year/ (abgerufen am 30.11.2016); ‹Überraschungseier endlich auch in den USA legal›, in 20 Minuten, unter: http://www.20min.ch/panorama/news/story/-berraschungs eier-endlich-auch-in-den-USA-legal-17992539/ (abgerufen am 30.11.2016); ‹Spiel, Spaß & Drogen. Kind findet Crystal Meth in Ü-Ei›, in Mopo, unter: http://www.mopo.de/news/panorama/spiel--spass--drogen-kind-findet-crystal-meth-in-ue-ei-24154466 (abgerufen am 30.11.2016); ‹Young boy finds crystal meth in his Kinder Surprise egg›, in Telegraph, unter: http://www.telegraph.co.uk/news/2016/06/01/young-boy-finds-crystal-meth-in-his-kinder-surprise-egg/ (abgerufen am 30.11.2016)

64 ‹UPS delivers assault rifle instead of child's Christmas gift›, in ABC 13 Wham, unter: http://13wham.com/news/offbeat/ups-delivers-assault-rifle-instead-of-childs-christmas-gift (abgerufen am 26.12.2016)

65 ‹Canadian man saved from bear by pet dog later ‚forced to eat pet dog' to survive›, in Telegraph Sun, unter: http://telegraphsun.com/canadian-man-saved-bear-attack-pet-dog-later-forced-eat-pet-dog-survive/ (abgerufen am 7.12.2016)

66 ‹Panzerabwehrhund›, in Wikipedia, unter: https://de.wikipedia.org/wiki/Panzerabwehrhund (abgerufen am 22.1.2017); ‹Old, Weird Tech: The Bat Bombs of World War II›, in The Atlantic, unter:

http://www.theatlantic.com/technology/archive/2011/04/old-weird-tech-the-bat-bombs-of-world-war-ii/237267/ (abgerufen am 22.1.2017)

67 ‹Wer stand sich im Kuchenkrieg gegenüber?›, in Handelsblatt, unter: http://www.handelsblatt.com/technik/forschung-innovation/schneller-schlau/schneller-schlau-wer-stand-sich-im-kuchenkrieg-gegenueber/9505568.html (abgerufen am 29.11.2016); ‹The Antique Beard›, in One Thousand Beards: A Cultural History of Facial Hair, Allan Peterkin, Arsenal Pulp Press, Vancouver; ‹Farting in Public Ends Dynasty›, in The Lavatory Reader, unter: http://lavatoryreader.typepad.com/the-lavatory-reader/2009/10/farting-in-public-can-topple-kings.html (abgerufen am 4.12.2016); ‹Monkey incident sparks clashes in southern Libyan city of Sabha, 16 dead›, in Reuters, unter: http://www.reuters.com/article/us-libya-security-sabha-idUSKBN13F0PD?il=0 (abgerufen am 29.11.2016); ‹Monkey starts Libyan tribal battle that leaves 20 dead›, in The Times, unter: http://www.thetimes.co.uk/_TP_/edition/world/monkey-starts-libyan-tribal-battle-that-leaves-20-dead-ttwzf79dx (abgerufen am 29.11.2016); ‹Gibraltar's Barbary macaques – ‚as long as they remain, so will the British'›, in New Statesman, unter: http://www.newstatesman.com/newstatesman-gibraltar/news-insights/2016/03/morning-call-best-gibraltar-1 (abgerufen am 28.11.2016)

68 ‹Höllenhund mit Milchgesicht›, in Spiegel Online, unter: http://www.spiegel.de/einestages/kriegsheld-audie-murphy-us-soldat-wird-schauspieler-a-951341.html (abgerufen am 27.3.2016); ‹Audie Murphy Biography›, in biography.com, unter: http://www.biography.com/people/audie-murphy-9418662 (abgerufen am 27.3.2016)

69 ‹Catalan Company (1302–1388 AD)›, in University of Maryland Institute for Advanced Computer Studies, unter: http://www.umiacs.umd.edu/~kuijt/dba165/dba165.html (abgerufen am 17.4.2016); ‹Roger de Flor, Sicilian Mercenary›, in Encyclopædia Britannica, unter: http://www.britannica.com/biography/Roger-de-Flor#ref219370 (abgerufen am 17.4.2016)

70 ‹Indestructible Nokia 3310›, in Know Your Meme, unter: http://knowyourmeme.com/memes/indestructible-nokia-3310 (abgerufen am 30.12.2016); ‹Nokia phone reportedly takes bullet, saves man's life›, in Fox News, unter: http://www.foxnews.com/tech/2016/10/06/nokia-phone-reportedly-takes-bullet-saves-mans-life.html (abgerufen am 30.12.2016); ‹7 cell phones that have stopped bullets (literally)›, in Digital Trends, unter: http://www.digitaltrends.com/mobile/7-phones-that-stopped-bullets/ (abgerufen am 30.12.2016)

71 ‹Über Handy geortet und vom Rad geholt›, in Focus Online, unter: http://www.focus.de/panorama/welt/ausbrecher-michalski-ueber-handy-geortet-und-vom-rad-geholt_aid_459259.html (abgerufen am 3.6.2016); ‹Four Arrested After Armed T-Mobile Store Robbery›, in NBC Los Angeles, unter: http://www.nbclosangeles.com/news/local/Four-Arrested-After-Armed-T-Mobile-Store-Robbery-375215101.html (abgerufen am 3.6.2016); ‹Man arrested after police say Facebook ‚poke' violated protective order›, in Fox 2 St. Louis, unter: http://fox2now.com/2016/05/27/man-arrested-after-police-say-facebook-poke-violated-protective-order/ (abgerufen am 3.6.2016); ‹Unlike: Tenants fume over apartment complex's new Facebook addendum›, in KSL, unter: https://www.ksl.com/?sid=39954863&nid=148&title=unlike-tenants-fume-over-apartment-complexs-new-facebook-addendum (abgerufen am 3.6.2016); ‹Man's pants lost during drunken night in Halifax are found›, in CBC News, unter: http://www.cbc.ca/news/canada/nova-scotia/halifax-lost-pants-waterfront-drinking-bars-marriott-hotel-ottawa-1.3191861 (abgerufen am 8.10.2016); ‹Nacktfotos chinesischer Kreditnehmerinnen landen im Netz›, in Spiegel Online, unter: http://www.spiegel.de/wirtschaft/unternehmen/china-kreditgeber-verlangen-nacktfotos-als-sicherheit-a-1124731.html (abgerufen am 7.12.2016); ‹This Guy's Passport Photo Was Rejected Because The System Said His Eyes Were Closed›, in Buzzfeed, unter: https://www.buzzfeed.com/kassycho/this-guys-passport-photo-was-rejected-because-the-system-sai (abgerufen am 7.12.2016); ‹Self-Driving Cars Could Cause a Massive Organ Shortage›, in Popular Mechanics, unter: http://www.popular

mechanics.com/cars/technology/a24570/self-driving-cars-could-cause-massive-organ-shortage/ (abgerufen am 6. 1. 2017); ‹These Toys Don't Just Listen To Your Kid; They Send What They Hear To A Defense Contractor›, in Consumerist, unter: https://consumerist.com/2016/12/06/these-toys-dont-just-listen-to-your-kid-they-send-what-they-hear-to-a-defense-contractor/ (abgerufen am 7. 12. 2016); ‹Hackers take control of a TOILET using bog-standard computer skills›, in Daily Mirror, unter: http://www.mirror.co.uk/tech/hackers-take-control-toilet-using-7342662 (abgerufen am 3. 6. 2016); ‹Police Ask Amazon's Echo to Help Solve a Murder›, in Fortune, unter: http://fortune.com/2016/12/27/amazon-echo-murder/ (abgerufen am 28. 12. 2016); ‹US military uses 8-inch floppy disks to coordinate nuclear force operations›, in CNBC, unter: http://www.cnbc.com/2016/05/25/us-military-uses-8-inch-floppy-disks-to-coordinate-nuclear-force-operations.html (abgerufen am 26. 5. 2016)

72 ‹‚Internet wird kein Massenmedium'›, in Der Standard, unter: http://derstandard.at/496477/Internet-wird-kein-Massenmedium (abgerufen am 8. 1. 2017); ‹‚Von Facebook wird in fünf bis sechs Jahren kein Mensch mehr reden'›, in Der Standard, unter: http://derstandard.at/1277337753402/Zeitfressende-Maschine-Von-Facebook-wird-in-fuenf-bis-sechs-Jahren-kein-Mensch-mehr-reden (abgerufen am 8. 1. 2017); ‹‚Künstliche Intelligenz ist Science-Fiction, keine Wirklichkeit'›, in RP Online, unter: http://www.rp-online.de/kultur/film/matthias-horx-kuenstliche-intelligenz-ist-science-fiction-keine-wirklichkeit-aid-1.5476628 (abgerufen am 8. 1. 2017); ‹Microsoft deletes ‚teen girl' AI after it became a Hitler-loving sex robot within 24 hours›, in Telegraph, unter: http://www.telegraph.co.uk/technology/2016/03/24/microsofts-teen-girl-ai-turns-into-a-hitler-loving-sex-robot-wit/ (abgerufen am 8. 1. 2017); ‹Amazon Echo: Nachrichtensprecher löst Massenbestellung aus›, in Heise, unter: https://www.heise.de/newsticker/meldung/Amazon-Echo-Nachrichtensprecher-loest-Massenbestellung-aus-3591039.html (abgerufen am 8. 1. 2017)

73 ‹Phone encryption: Police ‚mug' suspect to get data›, in BBC, unter: http://www.bbc.com/news/uk-38183819 (abgerufen am 7. 12. 2016);

<UK Police Circumventing Cellphone Encryption By ‚Mugging' Suspects While Their Phones Are Unlocked>, in Techdirt, unter: https://www.techdirt.com/articles/20161202/11093436182/uk-police-circumventing-cellphone-encryption-mugging-suspects-while-their-phones-are-unlocked.shtml (abgerufen am 7.12.2016)

74 <‚I'm horrified': Facebook woman preyed on schoolboys>, in The Sydney Morning Herald, unter: http://www.smh.com.au/technology/technology-news/im-horrified-facebook-woman-preyed-on-schoolboys-20110418-1dkwd.html (abgerufen am 6.12.2016)

75 <Lawyer: Man accused of jamming calls on Red Line ‚disturbed by people talking around him'>, in Chicago Tribune, unter: http://www.chicagotribune.com/news/local/breaking/ct-cell-phone-jamming-red-line-20160309-story.html (abgerufen am 2.6.2016)

76 <Gutachter, die auf eine Ziegelwand starren>, in tagesschau, unter: http://www.tagesschau.de/schlusslicht/kino-105.html (abgerufen am 29.11.2016)

77 <Firefighters to the rescue as Maria proves too big a Mac for McDonald's high chair>, in The Courier, unter: http://www.thecourier.co.uk/news/local/dundee/firefighters-to-the-rescue-as-maria-proves-too-big-a-mac-for-mcdonalds-high-chair-1.930861 (abgerufen am 27.3.2016); <About Maria MacLennan>, in mariamaclennan.com, unter http://www.mariamaclennan.com/About (abgerufen am 27.3.2016)

78 <Chinese man with head stuck in washing machine rescued by fire crew>, in South China Morning Post, unter: http://www.scmp.com/news/china/society/article/1959397/chinese-man-head-stuck-washing-machine-rescued-fire-crew (abgerufen am 31.5.2016); <Couple loses child for accidentally live streaming birth of their baby>, in World-wide Weird News, unter: http://www.worldwideweirdnews.com/2016/05/30-Couple-loses-child-accidentally-live-streaming-birth-of-their-baby.html (abgerufen am 31.5.2016); <Killer caught after officers recognize a murder scene depicted in his chest tattoo>, in Daily Mail, unter: http://www.dailymail.co.uk/news/article-1379651/Chest-tattoo-leads-murder-conviction-killer-Anthony-Garcia.html (abgerufen

am 31.5.2016); ‹Fan says his 29 Miley Cyrus tattoos are stopping him getting a girlfriend›, in Hull Daily Mail, unter: http://www.hulldailymail.co.uk/Fan-says-29-Miley-Cyrus-tattoos-stopping-getting/story-29341900-detail/story.html (abgerufen am 2.6.2016); ‹San Antonio man's Alamo face tattoo helps investigators ID him as robbery suspect›, in My San Antonio, unter: http://www.mysanantonio.com/news/local/crime/article/Man-with-Alamo-chin-tattoo-faces-aggravated-7954459.php (abgerufen am 2.6.2016); ‹Cops: Driver jumps from I-4 overpass in attempt to flee sobriety test›, in WFLA, unter: http://wfla.com/2016/05/30/driver-jumps-from-overpass-in-attempt-to-flee-traffic-stop/ (abgerufen am 31.5.2016); ‹Orange Village burglar who locked keys in getaway car heads to prison for 12 years›, in Cleveland.com, unter: http://www.cleveland.com/court-justice/index.ssf/2016/06/orange_village_burglar_who_loc_1.html (abgerufen am 2.6.2016); ‹Brooksville father charged with voyeurism, child neglect›, in Bay News 9, unter: http://www.baynews9.com/content/news/baynews9/news/article.html/content/news/articles/bn9/2016/6/1/hernando_county_peep.html (abgerufen am 4.6.2016); ‹Man who escaped South Dakota prison is jailed after calling police to report he was punched›, in Bismarck Tribune, unter: http://bismarcktribune.com/news/state-and-regional/man-who-escaped-south-dakota-prison-is-jailed-after-calling/article_2ec4c19c-c49f-55f2-8a50-75890c68cc03.html (abgerufen am 4.6.2016); ‹Velofahrer rammt Polizei Zürich: Er ist betrunken, zur Verhaftung ausgeschrieben – und sogar das Velo ist geklaut›, in Watson, unter: http://www.watson.ch/Region%20Zürich/articles/239441490-Velofahrer-rammt-Polizei-Zürich--Er-ist-betrunken--zur-Verhaftung-ausgeschrieben--und-sogar-das-Velo-ist-geklaut (abgerufen am 4.6.2016); ‹APD: Man set fire to his apartment to escape neighbors' sex noises›, in Albuquerque Journal, unter: http://www.abqjournal.com/787558 (abgerufen am 12.6.2016)

79 ‹Fake news story prompts Pakistan to issue nuclear warning to Israel›, in Guardian, unter: https://www.theguardian.com/world/2016/dec/26/fake-news-story-prompts-pakistan-to-issue-nuclear-warning-to-israel (abgerufen am 8.1.2017)

80 ‹Inside The Dying Days Of Tibet's Caterpillar Fungus ‚Gold Rush'›, in Huffington Post, unter: http://www.huffingtonpost.com/entry/tibet-caterpillar-fungus-kevin-frayer_us_576450a8e4b015db1bc959fb (abgerufen am 19.6.2016)

81 ‹Thousands of religious prisoners in China had their livers, kidneys and corneas ripped out while they were ALIVE to sell to ‚transplant tourists', claims new film›, in Daily Mail, unter: http://www.dailymail.co.uk/news/article-3257383/Thousands-religious-prisoners-China-livers-kidneys-corneas-ripped-ALIVE-sell-transplant-tourists-claims-new-film.html (abgerufen am 30.11.2016); ‹India's Black Market Organ Scandal›, in Time, unter: http://content.time.com/time/world/article/0,8599,1709006,00.html (abgerufen am 30.11.2016); ‹iPhone 6s: Chinese men try to sell kidney to buy new handset›, in Independent, unter: http://www.independent.co.uk/life-style/gadgets-and-tech/news/iphone-6s-chinese-men-try-to-sell-kidney-to-buy-new-handset-10501755.html (abgerufen am 30.11.2016); ‹Head transplant: team selected for controversial operation that will go ahead in 2017›, in Independent, unter: http://www.independent.co.uk/life-style/gadgets-and-tech/news/head-transplant-team-selected-for-controversial-operation-that-will-go-ahead-in-2017-10498627.html (abgerufen am 30.11.2016); ‹Man undergoing head transplant could experience something ‚a lot worse than death', says neurological expert›, in Independent, unter: http://www.independent.co.uk/news/science/man-undergoing-head-transplant-could-experience-something-a-lot-worse-than-death-says-neurological-10164423.html (abgerufen am 30.11.2016); ‹Nothing but the tooth: The history of dentistry in Britain›, in Express.co.uk, unter: http://www.express.co.uk/life-style/health/565139/teeth-dentistry-Drills-Dentures-And-Dentistry (abgerufen am 30.11.2016)

82 ‹Pamela Anderson accused of trying to kill Julian Assange with veggie sandwich›, in AV Club, unter: http://www.avclub.com/article/pamela-anderson-accused-trying-kill-julian-assange-244348 (abgerufen am 30.11.2016); ‹Mexican woman gets busted in airport after having a $ 24K cocaine boob job in Colombia›, in Fusion, unter:

http://fusion.net/story/229003/mexican-woman-gets-busted-in-airport-after-having-a-24k-cocaine-boob-job-in-colombia/ (abgerufen am 30. 11. 2016); ‹Woman Caught Allegedly Smuggling Cocaine in Breast Implants›, in Inside Edition, unter: http://www.insideedition.com/headlines/15176-woman-caught-allegedly-smuggling-cocaine-in-breast-implants (abgerufen am 30. 11. 2016); ‹Woman arrested trying to smuggle cocaine in breast implants›, in Telegraph, unter: http://www.telegraph.co.uk/news/worldnews/europe/spain/9740102/Woman-arrested-trying-to-smuggle-cocaine-in-breast-implants.html (abgerufen am 30. 11. 2016); ‹Woman caught trying to smuggle £ 1.5 million worth of cocaine in her breast implants›, in Mirror.co.uk, unter: http://www.mirror.co.uk/news/world-news/woman-caught-trying-smuggle-15million-4055423 (abgerufen am 30. 11. 2016); ‹Heathrow: Angst vor Sprengstoff in Brustimplantaten›, in Die Presse, unter: http://diepresse.com/home/panorama/welt/1442346/Heathrow_Angst-vor-Sprengstoff-in-Brustimplantaten (abgerufen am 30. 11. 2016)

83 ‹Have-a-go granny sends thieves packing›, in Torquay Herald Express, unter: http://www.torquayheraldexpress.co.uk/granny-sends-thieves-packing/story-12378682-detail/story.html (abgerufen am 29. 11. 2016); ‹Alte Dame schlägt Diebe in die Flucht›, in Tagesspiegel, unter: http://www.tagesspiegel.de/weltspiegel/video-alte-dame-schlaegt-diebe-in-die-flucht/3800638.html (abgerufen am 29. 11. 2016); ‹Old man throwes poop at old lady and her dog!›, in YouTube, unter: https://www.youtube.com/watch?v=bJQHyxCjB2k (abgerufen am 29. 11. 2016); ‹Elderly Woman Saves Dog from Coyotes›, in NBC Chicago, unter: http://www.nbcchicago.com/news/local/Elderly-Woman-Saves-Dog-from-Coyotes-267345141.html (abgerufen am 26. 11. 2016); ‹86 year old defends herself with bacon›, in GMP Trafford South, unter: https://www.facebook.com/GMPTraffordSouth/posts/1216074718444059 (abgerufen am 29. 11. 2016); ‹Wolf Attack: Russian Granny Fights Off Beast›, in Sky News, unter: http://news.sky.com/story/wolf-attack-russian-granny-fights-off-beast-10464153 (abgerufen am 29. 12. 2016); ‹91-Jährige löste Kreuz-

worträtsel in Museum: Es war ein Kunstwerk›, in Der Standard, unter: http://derstandard.at/2000041099366/91-Jaehrige-fuellt-Kreuzwort-raetsel-Kunstwerk-in-Museum-aus (abgerufen am 29. 11. 2016)

84 ‹The girl who gets gifts from birds›, in BBC, unter: http://www.bbc.com/news/magazine-31604026 (abgerufen am 29. 12. 2016)

85 ‹No, Argentina's president did not adopt a Jewish child to stop him turning into a werewolf›, in Guardian, unter: https://www.theguardian.com/world/2014/dec/29/argentina-kirchner-adopt-child-werewolf (abgerufen am 29. 11. 2016)

86 ‹Florida man shoplifted to get money to bail out wife charged with shoplifting›, in Fox 54, unter: http://www.wfxg.com/story/33498847/florida-man-shoplifted-to-get-money-to-bail-out-wife-charged-with-shoplifting (abgerufen am 23. 11. 2016)

87 ‹Escaped prisoner returns to jail after spending a week in Goa with girl friend›, in Newsd.in, unter: https://newsd.in/escaped-prisoner-returns-jail-spending-week-goa-girl-friend/ (abgerufen am 30. 12. 2016)

88 ‹20 boyfriends and 20 iPhones: How one Chinese woman bought a house›, in BBC, unter: http://www.bbc.com/news/blogs-trending-37754565 (abgerufen am 23. 11 2016); ‹A Woman Bought a House by Selling 20 iPhones from Her 20 Boyfriends›, in VICE, unter: http://www.vice.com/read/a-woman-bought-a-house-by-selling-iphones-her-20-boyfriends-gave-her-vgtrn (abgerufen am 23. 11. 2016)

89 ‹Florida Man tries to cash $ 368 billion check, and that's not the weird part›, in Inquisitr, unter: http://www.inquisitr.com/2076329/florida-man-tries-to-cash-368-billion-check-and-thats-not-the-weird-part/ (abgerufen am 30. 12. 2016)

90 ‹‚I love the penguin like it's my own child and I believe the penguin loves me': Bird swims 5,000 MILES every year to visit Brazilian man who nursed it back to life after he found it covered in oil and dying on a beach›, in Daily Mail, unter: http://www.dailymail.co.uk/news/article-3482978/Penguin-returns-home-year-Brazilian-man-saved-it.html (abgerufen am 24. 1. 2017)

MIX
Papier aus verantwortungsvollen Quellen
FSC® C083411

Das für dieses Buch verwendete Papier ist FSC®-zertifiziert.